MW00720410

Globalización económica

UNIVERSIDAD NACIONAL AUTÓNOMA DE MÉXICO
Dr. Enrique Luis Graue Wiechers
Rector
Dr. Leonardo Lomelí Vanegas
Secretario General
Ing. Leopoldo Silva Gutiérrez
Secretario Administrativo
Dr. Domingo Alberto Vital Díaz
Coordinador de Humanidades

INSTITUTO DE INVESTIGACIONES ECONÓMICAS
Dra. Verónica Villarespe Reyes
Directora
Mtra. Berenice P. Ramírez López
Secretaria Académica
Aristeo Tovías García
Secretario Técnico
Marisol Simón Pinero
Jefa del Departamento de Ediciones

ESENCIALES OCDE

Globalización económica

Orígenes y consecuencias

Jean-Yves Huwart   Loïc Verdier

Este trabajo se publica bajo la responsabilidad del Secretario General de la OCDE. Las opiniones e interpretaciones que figuran en esta publicación no reflejan necesariamente el parecer oficial de la OCDE o de los gobiernos de sus países miembros.

Por favor, cite esta publicación de la siguiente manera:
Huwart, J. y L. Verdier (2015), *Globalización económica. Orígenes y consecuencias,* Esenciales OCDE, OECD Publishing, París.
http://dx.doi.org/10.1787/9789264226272-es

ISBN: 978-92-64-22621-0 (edición impresa)
ISBN: 978-92-64-22627-2 (PDF)

Colección: *Esenciales OCDE*
ISSN: 2225-8868 (edición impresa)
ISSN: 2225-8876 (en línea)

Traducción: Susana Guardado y del Castro
Revisión académica: Dra. María Teresa Gutiérrez Haces, investigadora del Instituto de Investigaciones Económicas, UNAM
Coordinación editorial: Centro de la OCDE en México para América Latina e Instituto de Investigaciones Económicas, UNAM
Cuidado editorial: Marisol Simón Pinero por el Instituto de Investigaciones Económicas, UNAM
Diagramación: Juan Carlos González Juárez

Publicada originalmente por la OCDE en inglés y en francés, respectivamente, bajo los títulos:
OECD Insights. Economic Globalisation. Origins and consequences
Les essentiels de l'OCDE. La mondialisation économique. Origines et conséquences

© 2013 OCDE
© 2015 Universidad Nacional Autónoma de México (UNAM) para la traducción al español.
Publicada por acuerdo con la OCDE, París.
La calidad de la traducción al español y su coherencia con el texto original son responsabilidad de la UNAM.
© 2015 OCDE para esta edición en español.

Usted puede copiar, descargar o imprimir los contenidos de la OCDE para uso personal e incluir fragmentos de las publicaciones, bases de datos y productos multimedia en sus propios documentos, presentaciones, blogs, sitios de internet y materiales docentes, siempre y cuando se cite a la OCDE y al Instituto de Investigaciones Económicas, UNAM, como fuentes y se les reconozca como propietarios del derecho de autor. Queda prohibida la reproducción total o parcial para uso público o comercial sin la autorización escrita del editor.

Presentación

Auspiciada por el Instituto de Investigaciones Económicas de la Universidad Nacional Autónoma de México (UNAM), en colaboración con la Organización para la Cooperación y el Desarrollo Económicos (OCDE), la colección **Esenciales OCDE** es, como su nombre lo indica, un conjunto de obras que resultan lecturas de consulta imprescindibles en su ramo.

Por su estilo ameno, pero no por ello menos completo y documentado, estos libros de carácter divulgativo se dirigen a estudiantes y público en general interesado en los temas que cubre, todos de gran interés y actualidad.

El libro que tiene en sus manos, **Globalización económica. Orígenes y consecuencias**, aborda un tema candente que lo mismo despierta grandes simpatías que opiniones contrarias o por lo menos ambivalentes en el mundo entero, ya que en nuestros días no hay país que viva totalmente aislado de los demás.

El libro consta de ocho capítulos escritos con detalle y sustentados en análisis de la OCDE e investigación en diversas fuentes. A lo largo de estos capítulos, el lector hará un recorrido por la *historia* de este complejo fenómeno, desde tiempos anteriores a la Segunda Guerra Mundial (capítulo 2); la integración económica occidental que empezó a gestarse tras este conflicto bélico (capítulo 3), y el proceso de globalización generado por la apertura de los países comunistas y la revolución de las TIC en la década de 1990 (capítulo 4). Asimismo, explorará el *impacto actual* de la globalización sobre el desarrollo, en especial de algunos países (capítulo 5); sobre el empleo en Occidente (capítulo 6); sobre el medio ambiente, al cual le causa grandes daños, mismos que, paradójicamente, puede ayudar a resolver (capítulo 7), y sobre la estabilidad financiera mundial y las tan temidas crisis económicas globales (capítulo 8).

La globalización económica ha sido descrita como "la integración más estrecha de países y pueblos del mundo, por la enorme reducción en los costos del transporte y la comunicación, y el derrumbe de las barreras artificiales al flujo de bienes, servicios, capitales, conocimientos y (en menor grado) personas a través de las fronteras" (Joseph Stiglitz, *Globalization and its Discontents*).

En palabras del señor Pascal Le Merrer —reconocido profesor y autor en el ámbito de la economía—, en el prólogo de la obra, "El gran mérito de este libro es que sintetiza los análisis disponibles actualmente y proporciona referentes para contrastar nuestros criterios y nuestras políticas públicas, y ver si sirven para superar la creciente fragilidad de las personas, las compañías, los sectores, los países y, en ocasiones, las regiones".

Por lo anterior, es para mí un gran gusto presentar ante ustedes el libro *Globalización económica. Orígenes y consecuencias*, el cual seguramente será de gran utilidad para los lectores. Agradezco el esfuerzo conjunto del Centro de la OCDE en México para América Latina y el Instituto de Investigaciones Económicas de la UNAM en la coordinación y cuidado editorial, así como la revisión académica por parte de la doctora María Teresa Gutiérrez Haces, investigadora del Instituto.

Verónica Villarespe Reyes
Directora del Instituto de Investigaciones Económicas
UNAM

Prólogo

El comercio internacional, la migración y las finanzas globalizadas son los ingredientes de un coctel llamado globalización, cuya receta aún no hemos dominado y cuyo sabor nos pudiera parecer amargo, si no tenemos cuidado.

Además, estos tres ingredientes vienen en dosis totalmente dispares. La mayoría de los países quieren tener un control estricto de la migración internacional. Están haciendo esfuerzos mínimos por organizar el comercio internacional (en auge desde el uso de los contenedores) a través de importantes negociaciones, mientras que la regulación de las finanzas —el componente más exitoso de la globalización— es prácticamente inexistente.

Se trata de una mezcla explosiva. Los gobiernos se enfrentan a obstáculos de muy distinta índole, dependiendo del grado de preparación de los migrantes y de su país de origen, contra el trasfondo de una cuestión social que se está volviendo global. El aumento del comercio está creando ganadores y, que no se nos olvide, perdedores, y ello significa fuente de tensiones. La "financiarización" excesiva de la economía es ahora el culpable perfecto de una crisis cuyo alcance apenas ahora estamos vislumbrando y amenaza con desviar la atención de toda una serie de desequilibrios que se han estado agudizando en los últimos 20 años.

El peligro radica en responsabilizar a la globalización de los males económicos de la mayoría de los países ricos —la deslocalización, la desindustrialización, el desempleo, la brecha creciente entre los ingresos, las regiones remotas empobrecidas y los estilos de vida estandarizados— y engañarnos pensando que si este fenómeno se revierte, todos los problemas se solucionarán.

La verdad es que no existe una solución sencilla —una "desglobalización"— para dar respuesta a un fenómeno tan complejo. El gran mérito de este libro es que sintetiza los análisis disponibles actualmente y proporciona referentes para contrastar nuestros criterios y nuestras políticas públicas, y ver si sirven para superar la creciente fragilidad de las personas, las compañías, los sectores, los países y, en ocasiones, las regiones.

Para respaldar dichos referentes, este libro proporciona una amplia visión histórica que muestra de qué manera los imperios y el comercio crecieron a la par. Donde antes había un centro y una periferia, ahora estamos presenciando el surgimiento de una economía mundial multicéntrica y la convergencia cada vez más pronunciada de países emergentes, encabezados por China, India y Brasil.

Si bien esta convergencia es específica de la globalización (*in crescendo* durante los últimos 30 años), también es aplicable a la esperanza de vida, la fertilidad y, de modo notable, a la educación. Entre principios de la década de 1960 y 2010, la tasa de alfabetización de la población mundial pasó de menos de 60% a 82%. Este aspecto crucial de la globalización "inmaterial" es el resultado conjunto de la instrucción escolar generalizada, las redes de comunicación extensas y la proliferación de medios para intercambiar información.

Nuestra percepción de la globalización depende mucho desde qué ángulo la veamos. Me gustaría hacer hincapié en tres de los temas que abordaremos en este libro. En primer lugar, debemos tener cuidado con las cifras que utilizamos para medir la globalización. Las estadísticas son engañosas. El comercio lo realizan las compañías, no los países. Parte de lo que caracteriza a los flujos internacionales es sólo el comercio intrafirma que se deriva de una cadena de valor dispersa por todo el mundo, y parte de lo que caracteriza a los flujos nacionales se deriva de las actividades de subsidiarias que pertenecen a conglomerados extranjeros que han decidido dejar de exportar para empezar a producir en el mercado local. Sin embargo, estas características de las actividades empresariales internacionales prácticamente no se reflejan en los flujos internacionales.

Asimismo, en aras de la objetividad, necesitamos mantener cierta perspectiva del grado de integración económica global. Como nos recordaron Matthieu Crozet y Lionel Fontagné en Économie *et statistiques*, publicado por el Instituto Nacional de Estadística y Estudios Económicos (INSEE, por sus siglas en francés) en 2010: "En los países desarrollados y emergentes por igual, la proporción de compañías que participan directamente en una relación internacional es por mucho la minoría y pocas veces rebasa 20%. Asimismo, la presencia de la mayoría de los exportadores en los mercados globales es extremadamente reducida y sólo participan en un pequeño número de mercados aledaños".

Por último, aunque la mayoría de los estudios sobre la globalización abarcan la economía legal, ¿qué sabemos acerca de los alcances del "lado oscuro" de la globalización: la economía del mercado negro, los centros en el extranjero, etc.? Como señalaron Alain Bauer y Xavier Raufer en *La face noire de la mondialisation,* publicado por el Centre National de la Reserche Scientifique (CNRS) en 2009, debemos analizar "de qué manera esta globalización criminal socava las economías, las finanzas y los países" si es que queremos aplicar políticas eficaces para combatir las prácticas y las organizaciones que minan las democracias y las economías equitativas.

Depende de cada uno de nosotros observar y estimar, con curiosidad y cautela, la magnitud del complejo fenómeno que representa la globalización.

Pascal Le Merrer

Economista, profesor en la École Normale Supérieure de Lyon y autor de Économie *de la mondialisation: opportunités et fractures* (de Boeck, Bruselas, 2007).

Agradecimientos

Los autores desean agradecer a Brian Keeley y Patrick Love por su colaboración editorial y a las siguientes personas por su valiosa asesoría y participación: Adrian Blundell-Wignall, Brendan Gillespie, Przemyslaw Kowalski, Andrew Mold, Raed Safadi y Paul Swaim.

En particular, deseamos reconocer la ayuda de Katherine Kraig-Ernandes, Clare O'Hare d'Armagnac, Jean Mispelblom Beijer y Janine Treves.

El libro fue traducido del francés por Romy de Courtay y el cuidado editorial corrió a cargo de Peter Coles.

Esenciales OCDE es una serie de monografías introductorias encomendadas por el Directorado de Asuntos Públicos y Comunicación de la OCDE, que aprovechan la investigación y la experiencia de la Organización para presentar y explicar algunos de los problemas económicos y sociales más acuciantes a los lectores legos.

El **blog de Esenciales OCDE** se encuentra en *http://oecdinsights.org.*

ÍNDICE

Nota sobre la unidad monetaria

La divisa de referencia es el dólar estadounidense (USD) salvo que se indique lo contrario. Los valores en dólares constantes se han ajustado para reflejar la inflación. Los dólares actuales son las cantidades que en realidad se dieron o recibieron.

Este libro incluye...

  StatLinks

Un servicio que produce archivos en Excel® a partir de la página impresa.

Busque los StatLinks en la esquina inferior derecha de cualquier tabla o gráfica en este libro. Para descargar la hoja de cálculo correspondiente en Excel®, sólo escriba el vínculo en su buscador de internet comenzando con el prefijo *http://dx.doi.org*. Si está leyendo la edición en PDF (libro electrónico) y su PC está conectada a internet, simplemente active el vínculo. StatLinks aparece en más libros de la OCDE.

1

La globalización económica es un tema cargado de controversia, mucho más después de la crisis económica mundial. Los "proglobalistas" y los "antiglobalistas" (también conocidos como "alterglobalistas") han debatido acaloradamente el tema por casi 20 años. Todos los días, la mayoría de los habitantes de este planeta disfrutan algunos de los grandes beneficios de la globalización y también padecen sus grandes inconvenientes. Resulta fundamental rastrear la historia de este fenómeno complejo y reconocer las formas que adopta si deseamos hacer frente a los problemas que acarrea su surgimiento.

Introducción

A manera de introducción...

Madrid, mayo de 2011. El verano no ha iniciado, pero todo indica que será muy caluroso. En un bar de tapas, en una calle sombreada de algún lugar entre la Plaza del Sol y la Avenida de Mostoles, Rodrigo, el propietario, limpia un poco. Una pareja está sentada junto a la ventana, charlando en algún idioma eslavo.

En la parte de atrás, entre las sillas de madera y una foto en blanco y negro ampliada de una corrida de toros, una cava refrigerada zumba sordamente. La puerta de acero inoxidable exhibe, con orgullo, la marca Haier. Rodrigo guarda una decena de botellas de vino tinto, algunas provenientes del Valle de Maipo en Chile. Les sirve a los comensales una tacita de té Tetley, con la etiqueta colgando a un costado. Limpia otra mesa, luego entra a la cocina y mete tres vasos sucios en el lavatrastes Beko. De su cartera, bajo el mostrador, asoman varias tarjetas de presentación, incluida una con el logotipo rojo y blanco de la compañía petrolera Lukoil.

Ese día, la capital de España parece más ajetreada que de costumbre. Cientos de personas vestidas de amarillo hacen sonar cornetas y silbatos en la calle. Llevan pancartas en las que exigen que vuelva a abrirse la fábrica de electrodomésticos en la que solían trabajar. Empantanada por la crisis, la matriz sueca de esa empresa ha cancelado sus planes de invertir en la planta que tenía en La Mancha. En vez de eso, pretende trasladar la producción a las fábricas que ya tiene en Rumania y Marruecos. Los trabajadores están pidiendo a la alta dirección que reconsidere las cosas.

Desplazándose sobre el asfalto junto a la manifestación, varios jóvenes pertenecientes al movimiento de Los Indignados reparten volantes en los que exigen un impuesto a las utilidades de las principales multinacionales del mundo, el fin de la especulación financiera, límites a los bonos draconianos de los operadores y una comisión sobre las transacciones internacionales. La crisis financiera de septiembre de 2008 detuvo súbitamente la maquinaria económica global y afectó a todas las economías del mundo en mayor o menor grado. Los noticieros no hacen más que mostrar tragedias personales.

Rodrigo también está resintiendo los efectos de la crisis. Hasta hace poco, su bar de tapas marchaba bien gracias a los turistas provenientes de Rusia, Brasil y Chile, e incluso de lugares tan remotos como China e India. Apenas un año antes, Rodrigo había colgado en la puerta un letrero de "Bienvenidos" en cirílico y chino. Pero el negocio se paralizó cuando la subsecuente crisis económica produjo una caída drástica en el turismo.

Eso no es todo. Cuando todo iba bien, Rodrigo decidió ampliar su negocio comprando el local contiguo. Al principio, el banco vio con buenos ojos su proyecto. Pero luego estalló la burbuja de las hipotecas *subprime* (préstamos con garantías de muy baja calidad) en Estados Unidos y afectó a los principales bancos del mundo. A 8 000 kilómetros de distancia de las familias pobres de Estados Unidos que estaban siendo incautadas por los bancos, el ejecutivo del banco de Rodrigo lo recibió en su oficina central en Madrid con cara de disgusto: "Lo siento, pero necesitamos más garantías. Hemos vuelto más estrictos nuestros criterios para el otorgamiento de créditos".

"¡Qué lástima! Retomaré mis planes de expansión más adelante", piensa Rodrigo, mientras mira por la ventana a un grupo jóvenes manifestantes que están enfrascados en una discusión acalorada afuera. Uno de ellos toma una foto de la manifestación con un celular Samsung.

¿Qué tipo de globalización?

Esta escena podría haber ocurrido en casi cualquier país de la OCDE. Ilustra las múltiples dimensiones de la globalización económica: un flujo creciente de personas a través de las fronteras (en este caso particular, mediante el turismo); la utilización cotidiana de cada vez más productos ensamblados en cualquier lugar del mundo, sobre todo en los países emergentes (véase el recuadro de abajo); los cambios en las estrategias corporativas sobre la base de la presencia internacional de las compañías y de su impacto potencial en el empleo; y, por último, la rápida difusión global de una crisis que inició como algo local. En otras palabras, la diseminación de personas, bienes, actividad económica y dinero a través de las fronteras nacionales.

En su libro, *Globalization and its Discontents,* el economista Joseph Stiglitz define la globalización económica como "...la integración más estrecha de países y pueblos del mundo, derivada de la enorme reducción en los costos del transporte y la comunicación, y el derrumbe de las barreras artificiales al flujo de bienes, servicios, capitales, conocimientos y (en menor grado) personas a través de las fronteras".Esta definición ayuda a aclarar lo que se ha convertido en un término "multiusos". Para la mayoría de las personas, la "globalización" se refiere a un fenómeno muy diverso: la globalización de la información, la globalización cultural, la globalización política, etc. Este libro abarca principalmente las consecuencias *económicas* de la globalización: el comercio internacional creciente de bienes y servicios, por supuesto, pero también la evolución de las multinacionales, la organización de la producción industrial a través de las fronteras y el ir y venir global de trabajadores y estudiantes producto de la necesidad económica. La crisis financiera y económica que iniciara en 2008 también da una relevancia particular al análisis de la globalización financiera, un aspecto de la globalización económica que está cobrando más y más importancia.

Abordar estos problemas también significa comentar ciertas características de la globalización política. Durante los últimos decenios, la globalización económica ha sido determinada parcialmente por las decisiones colectivas de los gobiernos mundiales, muchas veces en el contexto de las organizaciones internacionales: el Fondo Monetario Internacional (FMI), el Banco Mundial, la Organización Mundial del Comercio (OMC), la OCDE y demás que le dan seguimiento y analizan sus cambios.

La globalización económica influye cada vez más en nuestro estilo de vida, en nuestra forma de trabajar y en nuestras aspiraciones. Durante unos cuantos meses, la crisis económica pareció haberla detenido en seco. Pero desde finales de 2009 más o menos, el comercio global y la inversión han recuperado sus bríos de principios de la década de 1990, cuando los antiguos países comunistas se abrieron al comercio internacional y la economía de mercado. Para bien y (a veces) para mal, la globalización está influyendo profunda y perdurablemente en el destino de las sociedades modernas.

Un fenómeno muy controvertido

Pocos temas causan tanta controversia como la globalización, sobre todo cuando se trata de su impacto económico y, más recientemente, su impacto financiero. Sus partidarios destacan la amplia gama de productos nuevos, más opciones y mercancía más barata para los consumidores —gracias a la intensa competencia internacional—, por no mencionar los avances tecnológicos, la mayor comodidad y facilidad de la vida cotidiana, el mayor tiempo para el ocio, etc. Sus detractores ven la globalización como un proceso inequitativo y sesgado, que destruye empleos y favorece los desequilibrios económicos, el consumismo excesivo y el daño ambiental derivado del comercio descontrolado.

Incluso antes de la crisis económica (para ser precisos, entre el 31 de octubre de 2007 y el 25 de enero de 2008), BBC World Service de Londres encuestó a 34 000 personas en 34 países para saber qué significaba para ellas la globalización. Los resultados reflejaron un malestar generalizado. En 22 países, la mayoría de los encuestados sentía que el proceso de globalización estaba ocurriendo con demasiada rapidez. "Muchos desean desacelerar, mas no detener, el movimiento", informó la BBC. En un tercio de los países (sobre todo China, India, Canadá, Australia, Emiratos Árabes Unidos y Rusia), los encuestados sentían que la globalización mejoró la situación económica previa. En dos tercios de los países restantes (incluidos Italia, Filipinas, Indonesia, Estados Unidos y Portugal), pensaron lo contrario: que su situación estaba empeorando. Asimismo, en sólo siete países (Emiratos Árabes Unidos, Australia, Estados Unidos,

China, Ghana, Nigeria y Canadá), consideraron que el proceso de globalización en curso era equilibrado y transparente.

A la gente le preocupan muchas cosas: la transferencia de la producción a los países de bajo costo, la falta de seguridad laboral, la volatilidad del precio de las materias primas, la pérdida de control sobre una serie de puntales económicos, etc. No obstante, las percepciones del impacto de la globalización a veces no tienen nada que ver con sus efectos reales. La globalización abriga una serie de ideas preconcebidas que fomentan una sensación de ansiedad, sobre todo en los países industrializados.

De qué trata este libro

El propósito de este libro es analizar la globalización tan objetivamente como sea posible, recurriendo a datos y análisis de la OCDE y de otras fuentes confiables.

Comenzaremos con una **explicación de la integración económica global,** incluyendo su historia y una breve descripción de su alcance en la actualidad.

▶ En el **capítulo 2** se analizan los hitos históricos que facilitaron e intensificaron las interacciones económicas entre los países y los pueblos, hasta que se vieron interrumpidas por la Segunda Guerra Mundial. La idea de la globalización económica nace de una historia rica y antigua. Los grandes descubrimientos del siglo xv y la Revolución Industrial en el siglo xix aceleraron la integración económica global, mientras que el proteccionismo de la Gran Depresión en la década de 1930 la desaceleró y más adelante incluso la revirtió.

▶ En el **capítulo 3** mostramos cómo se fortaleció la integración económica de Occidente después de la Segunda Guerra Mundial, gracias al dinamismo empresarial tras la reconstrucción y al proceso institucional de liberalización del comercio internacional. No obstante, el mundo siguió fragmentado económicamente hasta principios de la década de 1990, debido al comercio en extremo limitado entre Occidente y los países del bloque comunista.

▶ En el **capítulo 4** describimos el proceso de globalización desde la década de 1990, en el sentido en que generalmente se entiende, originado a partir de dos fenómenos principales: la apertura de los grandes países que eran comunistas a los mercados internacionales, y la revolución de las nuevas tecnologías de la información y la comunicación. Consideramos de qué manera la globalización ha acelerado su paso en los últimos 20 años y, a la vez, la globalización (particularmente avanzada) de los bienes y capitales, así como la globalización de los servicios y las personas (en muchos sentidos, todavía incipiente). También intentaremos analizar qué tan globalizada se encuentra la economía mundial.

En la segunda parte de este libro consideramos los efectos actuales de la globalización y ponderamos su impacto en cuatro sectores cruciales: empleo, desarrollo, medio ambiente y estabilidad financiera.

▶ En el **capítulo 5** estudiamos el impacto de la globalización sobre el desarrollo. Algunos países (sobre todo los emergentes) se han beneficiado indudablemente de la globalización. Pero no es tan evidente el impacto en el desarrollo en general de otros países, ni tampoco en su grado de pobreza e iniquidad, en otras palabras, en su población.

▶ En el **capítulo 6** abordamos fundamentalmente en qué grado la globalización destruye o crea empleos en los países de Occidente, y cuál es su efecto en la calidad de los puestos de trabajo.

▶ En el **capítulo 7** analizamos cuáles son las repercusiones de la globalización en el medio ambiente. El auge del comercio y de las actividades económicas a través de las fronteras, en combinación con modos de producción y consumo cada vez más internacionalizados, puede ocasionar daños medioambientales considerables. Sin embargo, la propia globalización puede ofrecer algunas soluciones.

▶ El **capítulo 8** versa sobre la estabilidad financiera y analiza la ola de choque desencadenada por la crisis financiera de 2007-2008, considerada la primera gran crisis financiera de la economía global. Al momento de publicarse este libro, el camino accidentado hacia la recuperación arroja algunas dudas respecto al futuro de la globalización.

Algunos rostros nuevos de la economía globalizada

Hace 10 años, ninguna de las marcas mencionadas al principio de este capítulo podía adquirirse fuera de sus respectivos países de origen. Todas ellas tienen en común que provienen de un país "emergente". En la década de 1980, sólo la tienda departamental Harrods de Londres, famosa por conseguir cualquier artículo de cualquier parte, podía reunir productos de países tan diversos como Chile, India, Turquía, la antigua Unión Soviética, Sudáfrica y Corea. En 2009, un sencillo bar de España podía tenerlas todas en un solo lugar, un hecho común en estos días que demuestra el auge económico de los países emergentes.

Haier

Constituido en 1984, el grupo chino Haier es el cuarto productor global más importante de electrodomésticos y líder en unas cuantas categorías de productos, como cavas refrigeradas, congeladores, aire acondicionado, lavaplatos y aspiradoras. Recientemente se diversificó y está fabricando equipo audiovisual, de cómputo y de telecomunicaciones, por no mencionar su división farmacéutica y su incursión en el sector de los servicios. Gracias a una política de innovación vanguardista que no le pide nada a los más grandes fabricantes de Europa y Japón, el grupo facturó USD23 000 millones. En 2011, exportaba a 165 países y contaba con 30 plantas manufactureras alrededor del mundo.

Arçelik

La historia de la empresa turca Beko es similar a la de Haier. En 2009, la compañía vendió ocho millones de unidades (refrigeradores, lavaplatos, etc.). Su casa matriz, Arçelik, ahora es el tercer fabricante más importante de línea blanca en Europa.

Tata

Desde 2000, Tetley Tea ha sido propiedad del conglomerado indio Tata, un antiguo grupo industrial familiar creado en el siglo XIX. Impulsado por los vientos favorables de la globalización, este gigante del sur de Asia no ha dejado de aparecer en las noticias, ya sea por la adquisición de la acerería anglodanesa Corus, en 2007, o de la armadora Jaguar en 2008, o por la introducción del automóvil de mínimo costo Nano (USD2 000).

Samsung

En 1960, el producto interno bruto (PIB) per cápita en Corea del Sur era más bajo que el del África subsahariana. Menos de medio siglo después, Samsung, una de sus joyas, se encuentra entre las compañías más dinámicas del mundo y es el segundo productor de celulares más importante, por delante del fabricante estadounidense Motorola.

Lukoil

Poco más de 10 años después de la caída del Muro de Berlín, la principal petrolera de la Federación Rusa ya realizaba operaciones en los cinco continentes. Pronto, su red de distribución internacional estaría a la altura de otros rivales de renombre, como Shell, Total o Exxon. Los conductores estadounidenses, belgas y rumanos pueden llenar su tanque en una gasolinera de Lukoil.

Vinos chilenos

La aventura global de los vinos chilenos inició hace muchos años y hoy se sirven en mesas de todo el mundo. En 10 años, las ventas prácticamente se han duplicado y Chile ocupa ahora la quinta posición entre los principales exportadores de vino, por delante de naciones con una añeja tradición vitivinícola, como Alemania o Portugal. Gracias a una campaña de comunicaciones internacional, los productores chilenos han mejorado la imagen de sus vinos en todo el mundo para deleite de los sibaritas europeos y estadounidenses.

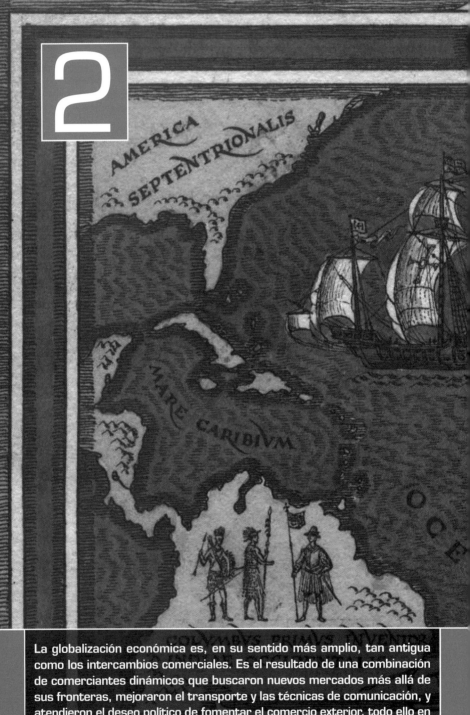

2

La globalización económica es, en su sentido más amplio, tan antigua como los intercambios comerciales. Es el resultado de una combinación de comerciantes dinámicos que buscaron nuevos mercados más allá de sus fronteras, mejoraron el transporte y las técnicas de comunicación, y atendieron el deseo político de fomentar el comercio exterior, todo ello en distinto grado y en diferentes lugares en el transcurso de muchos siglos.

El comerciante, el inventor y el soberano

A manera de introducción...

"Antes, los acontecimientos en el mundo no estaban relacionados. Ahora, todos son interdependientes."

Polibio, siglo II a.C.

En vista de la sorprendente afirmación del historiador griego Polibio, resulta obvio que la globalización no es nada nuevo. Mucho antes de la civilización griega, los pueblos ya eran económicamente interdependientes en cierta medida. Durante el Neolítico, cuando aparecieron nuevos modos de vida basados en la agricultura, las comunidades a cientos de kilómetros entre sí intercambiaban sus productos. En fechas tan tempranas como 7000 a.c., uno de los primeros asentamientos conocidos, Çatal Hüyük, en la actual Turquía, ofrecía grandes cantidades de obsidiana, una piedra volcánica utilizada para elaborar herramientas, a cambio de las piezas de alfarería y los cereales de varios pueblos en la costa del Mediterráneo.

El camino de los comerciantes de todos los rincones del mundo se entrecruzó en la época del Creciente Fértil. Durante los siglos IV y III a.C., los mesopotámicos eran ávidos comerciantes de metales, madera, roca para construcción, etc., con sus vecinos de Siria y Anatolia, y posteriormente con los pueblos de India y del Golfo Pérsico. De igual modo, los faraones egipcios enviaban caravanas, embarcaciones y escribas hasta lo más recóndito de sus dominios, desde Fenicia y Nubia hasta el territorio de Punt (ahora Eritrea).

Con base en lo anterior, ¿es la globalización económica tan antigua como la propia actividad comercial? Sí, si se considera que la globalización significa la interdependencia económica de los pueblos que se diferencian por su ubicación geográfica. No es sino hasta después de la Era de la Exploración, en los siglos XV y XVI, que llegó a significar la integración económica de los cinco continentes. Respecto a la "globalización" en el sentido de la participación de una mayoría de los Estados del mundo en la economía de mercado y el libre comercio, su origen data de principios de la década de 1990.

Incluso en un sentido más amplio, la globalización económica no ha sido un proceso histórico lineal. Se ha acelerado, se ha desacelerado y a veces se ha detenido súbitamente. Como veremos en los tres primeros capítulos, sus fases de aceleración han sido cada vez más rápidas, impulsadas principalmente por tres factores: el dinamismo comercial, los avances tecnológicos del transporte y las comunicaciones, y el deseo político de fomentar el comercio exterior.

Los orígenes de la globalización económica (de la Edad Antigua hasta el siglo XIV)

El dinamismo del comercio internacional en la Edad Antigua y la Edad Media se debió en gran medida a técnicas bien conocidas de transporte y comunicación que resultan fáciles de subestimar. Los dos inventos fundamentales que estimularon el comercio fueron la navegación y la escritura. Ciertamente, los animales de carga para trayectos largos, como los caballos y los camellos, habían sido domesticados mucho antes. La rueda, inventada en el siglo IV a.c. en Mesopotamia, también fue un punto de viraje, al incrementar el volumen de mercancías que podían llevarse a sitios distantes. Pero la navegación dio el mayor impulso al comercio internacional y, aun ahora, los buques mercantes son los que más carga transportan alrededor del mundo.

La escritura también está íntimamente relacionada con la economía y el comercio. Su forma más antigua, inventada en Mesopotamia en el siglo IV a.c., se utilizó inicialmente para llevar la cuenta de ganado y cosechas; posteriormente, para dejar constancia de los acuerdos legales, que eran fundamentales para asegurar las transacciones efectuadas a largas distancias. Aunque esta red de seguridad jurídica fomentó el comercio entre zonas geográficamente distantes, la seguridad física de los comerciantes era indispensable. Y es aquí donde entra la política.

Los imperios y las "economías mundiales"Las primeras formas de globalización se relacionan en parte con los grandes imperios que, mediante la unificación política de territorios muy extensos y dispares, mejoraron el traslado de bienes y personas a través de los continentes. Del siglo VI al siglo IV a.c., los comerciantes recorrieron el vasto imperio persa, que se extendía desde el Mediterráneo hasta el Ganges y abarcaba todo un abanico de pueblos y civilizaciones. Con las conquistas del macedonio Alejandro Magno, el imperio helénico movió las fronteras aún más hacia el oriente y el occidente. Este periodo de integración cultural de pueblos diversos (como lo demuestra la Gran Biblioteca de Alejandría) también popularizó las técnicas del comercio, como el uso de la moneda. Las ciudades-Estado de la civilización helena posmacedónica aprovecharon la ampliación de sus fronteras y siguieron participando activamente en el comercio, sobre todo el marítimo.

Herederos de los griegos, los romanos también abarcaron una extensa área geográfica durante su imperio (del siglo V a.C. al siglo V d.C.), la cual se extendía desde Escocia hasta Egipto y desde España hasta Asia Menor, en lo que algunos historiadores consideran que fue la primera zona "globalizada". El comercio entre regiones disímiles cobró auge al beneficiarse tanto de una administración muy eficaz como de las grandes innovaciones tecnológicas. La red de caminos y puentes, así como el uso extendido del papel moneda y de los primeros servicios postales complejos, multiplicaron por diez el comercio y el movimiento de la población.

El estilo de vida de las personas reflejaba, como es de suponer, la integración económica de las provincias del imperio. De acuerdo con el historiador estadounidense Lionel Casson: "El ciudadano romano comía pan horneado con trigo del norte de África o de Egipto y pescado capturado y desecado cerca de Gibraltar. Cocinaba con aceite de oliva del norte de África en ollas hechas de cobre extraído de las minas españolas, usaba platos de manufactura gala, bebía vino traído de España o de Francia [...]. Los romanos ricos usaban ropa hecha de lana de Millet o lino de Egipto; sus esposas, utilizaban seda china, perlas y diamantes de India, y cosméticos del sur de Arabia [...]. Su casa construida con mármol veteado traído de las canteras de Asia Menor; sus muebles estaban hechos de ébano indio o de teca embellecida con marfil africano". Las similitudes con el origen diverso de los productos que consumimos en la actualidad son sorprendentes. La zona mediterránea en la época de los romanos conformaba una verdadera "economía mundial", según lo explica el historiador Fernand Braudel.

Pero la integración económica del Imperio Romano no estuvo exenta de interrupciones. Hubo fases de actividad comercial más lenta, con frecuencia durante las crisis políticas, diplomáticas o militares, como las Guerras Púnicas entre Roma y Cartago en los siglos III y II a.C. Varios periodos de mayor y menor integración económica ocurrirían ininterrumpidamente hasta la caída de Roma en 476 d.C., un suceso cuyo efecto en el comercio europeo fue profundo y prolongado.

La Edad Media: el declive de Europa, el dinamismo de Asia

Contrariamente a la opinión popular, la globalización no se originó específicamente en Europa; su historia contó con una gran contribución de Asia, Medio Oriente y África. La división del Imperio Romano en oriente y occidente marcó una clara caída en el comercio, el cual no se recuperó con la unificación política que trajera el Imperio Carolingio en el siglo IX. En Europa, el feudalismo no era propicio para el comercio mercante debido a sus múltiples conflictos, divisiones territoriales, relaciones sociales rígidas y reglas como la prohibición eclesiástica de prestar cobrando intereses.

Al mismo tiempo, hacia el oriente, el Imperio Bizantino mantuvo las intensas relaciones comerciales entre Asia y el Mediterráneo. Su capital, Constantinopla, se enorgullecía de la posición que ocupaba en esa red comercial que abarcaba casi toda Eurasia y el norte de África y de ser la primera parada de occidente en la famosa Ruta de la Seda. Este importante eje —que de hecho comprendía una red intrincada de caminos para transportar no sólo seda, sino piedras y metales preciosos, especias, marfil y otros productos— llegaba hasta Xian, China.

La civilización islámica, que se extendió más allá de la península arábiga a partir del siglo VII, también estrechó la interdependencia económica de los pueblos geográficamente distantes al promover el comercio entre Medio Oriente y África subsahariana. Durante varios siglos, la expansión del Islam fue de la mano con la expansión del comercio, desde el norte de España hasta las Filipinas.

En el siglo XVIII, se dieron nuevas relaciones económicas globales durante el Imperio Mongol en Eurasia después de que los mongoles recorrieran el mundo a caballo, desde las costas del Pacífico y el Índico hasta el Mediterráneo y el Adriático. De nueva cuenta, esta expansión geográfica motivó la mezcla de pueblos diferentes y el desarrollo de las relaciones. Marco Polo, el comerciante occidental más famoso de la era de los viajeros, asevera todo esto en su famosa descripción del imperio de Kublai Kan en *El libro de las maravillas*.

Respecto a Europa, empezó a despertar de su letargo comercial en el siglo XII. En Francia, el condado de Champaña era el centro de comercio permanente de los mercaderes, desde Flandes hasta Italia, y de buena parte de Europa a partir de mediados del siglo XII y hasta finales del siglo XIII. En ese mismo siglo, las poblaciones hanseáticas del norte de Europa y las ciudades comerciantes del norte de Italia (en particular la República de Venecia) fueron punta de lanza en el renacer del comercio internacional europeo y prefiguraron el dinamismo del Renacimiento, que abriría nuevas ventanas al comercio.

Los nuevos horizontes del Renacimiento (siglos XV a XVIII)

El Renacimiento, testigo de grandes avances tecnológicos y del auge del comercio entre todos los continentes, marcó un hito en la globalización.

La curiosidad intelectual que caracteriza a esta época estimuló la innovación tecnológica y los métodos de producción gracias a un sinfín de productos y procesos nuevos, como el uso del algodón para la fabricación de prendas de vestir. Esto creó a su vez nuevas necesidades y actividades comerciales, así como métodos de comunicación más modernos. La imprenta fomentó la divulgación del conocimiento, lo que benefició la interacción científica, cultural y comercial. El servicio postal también se modernizó. A principios del siglo XVI, Franz von Taxis creó una red de mensajeros que iban de Innsbruck a Bruselas en sólo cinco días. Como el internet en la actualidad, la imprenta y el servicio postal contribuyeron al crecimiento de las economías mundiales al disminuir las barreras de la separación geográfica.

Los avances en el transporte también tuvieron algo que ver. Los navíos y las flotas se volvieron más grandes. Europa ya no surcaba los océanos sola; China, otra potencia comercial, empezó a recorrer las vías marítimas del comercio. Los barcos de juncos del imperio (muchos de ellos con un tonelaje infinitamente superior) navegaban por los mares de Asia y el océano Índico hasta África oriental. Las técnicas de navegación perfeccionadas, como la brújula y la cartografía, condujeron a un punto de inflexión, por lo menos desde la perspectiva europea: los llamados "grandes descubrimientos geográficos". Las aventuras de Cristóbal Colón y de Vasco de Gama, entre otros, llevaron más lejos el horizonte y abrieron rutas oceánicas, presagio todo ello del inicio de la globalización en el sentido geográfico más amplio de la palabra.

El emprendimiento colonial europeo, emanado de las conquistas militares y los conflictos, también acompañó al creciente movimiento económico. El nacimiento de los imperios coloniales —Portugal y España en los siglos XV y XVI, así como Gran Bretaña, Francia y, en menor grado, Dinamarca, Suecia y Alemania a partir del siglo XVII— estimuló el flujo de bienes y personas a través de los continentes y entre ellos. Productos como el tabaco, la papa y el tomate se extendieron por todo el orbe en unos cuantos decenios. La producción masiva de minerales, algodón, etc., también fomentó la esclavitud, un recurso igualmente masivo, durante varios siglos. Para bien o para mal, el emprendimiento colonial contribuyó a acercar a los continentes. Sin embargo, la competencia encarnizada entre las grandes potencias refrenó está tendencia en cierto grado.

El comercio, un instrumento del poder

El comercio aumentó de manera sustancial en todo el mundo gracias a las metrópolis y sus colonias. No obstante, las grandes potencias defendieron sus zonas de comercio con la aplicación de las medidas proteccionistas del mercantilismo, la teoría política económica predominante en ese entonces. Esta doctrina suponía que el poder de la nación-Estado dependía de sus reservas de metales preciosos. Para obtener más riqueza, el Estado, el corazón de la economía, debía fomentar el comercio internacional e incrementar sus exportaciones mediante la explotación de los recursos en sus colonias. Sin embargo, los listados de aranceles obligaban a ciertas colonias a comerciar exclusivamente con los reinos que los controlaban. Por tanto, los establecimientos comerciales de las colonias en los distintos continentes siguieron vinculados a sus respectivas coronas (España, Portugal, Países Bajos, Francia, Gran Bretaña, etc.). En el siglo XVIII, Inglaterra era el único socio comercial autorizado de Jamaica. Guadalupe, una posesión francesa, sólo podía comerciar con intermediarios franceses.

En *The Travels of a T-Shirt in the Globalised Economy* (2005), la economista estadounidense Pietra Rivoli describe cómo las autoridades británicas del siglo XVII obligaban a los ciudadanos a usar prendas de lana (muy incómodas en verano) para proteger a la industria lanera local. Gracias a la apertura de nuevos establecimientos comerciales en India, los británicos habían descubierto el algodón indio, muy flexible y ligero. Las importaciones empezaron a llegar incluso a las zonas rurales más remotas, lo que puso en riesgo a la industria lanera nacional. Esta medida proteccionista brindó un respiro de varias décadas, hasta que los avances tecnológicos de la Revolución Industrial en el siglo XVIII fomentaron un resurgimiento.

La Revolución Industrial y la explosión del comercio internacional (finales del siglo XVIII-1914)

La Revolución Industrial representó un viraje en la integración económica global. Incluso algunos consideran que el siglo XIX fue la primera fase histórica verdadera de globalización, gracias al aumento sin precedentes de la integración económica global. Surgida de Gran Bretaña en el siglo XVIII, la primera Revolución Industrial debe su nombre a la profusión de innovaciones tecnológicas y de nuevos métodos de producción. Marcó el nacimiento de la mecanización (sobre todo en las manufacturas textiles), la minería (en particular la extracción de carbón) y la metalurgia. Otros países europeos y Estados Unidos siguieron rápidamente los pasos de Gran Bretaña. La producción prosperó y se aceleró, nuevas necesidades surgieron y nuevas redes se crearon en todo el mundo.

La Revolución Industrial presenció el nacimiento de la tecnología del vapor y de los nuevos medios de transporte. Las vías férreas se extendieron y los barcos se volvieron más veloces. Los costos del transporte marítimo se redujeron drásticamente durante el siglo XIX (véase recuadro) conforme se iba acortando el tiempo de viaje entre un continente y otro, gracias ala construcción del canal de Suez y, más adelante, del canal de Panamá. Las personas y las mercancías se desplazaban más libremente. A finales del siglo XIX, la segunda Revolución Industrial llevó los avances más lejos merced a la utilización del petróleo y a los descubrimientos de la química y la mecánica (como el invento del motor de combustión).

Algunos grandes inventos transformaron los medios de comunicación. En 1865, Paul Julius Reuter, fundador de la famosa agencia de noticias que lleva su nombre, rompió un récord de velocidad —11 días en barco— para avisar en Londres que el presidente estadounidense Abraham Lincoln había sido asesinado. Un año más tarde empezó a funcionar el

Hasta principios del siglo XIX, el PIB global per cápita aumentaba muy lentamente. Asia y Europa avanzaron a la par durante mucho tiempo

Entre los años 1000 y 2000, la población del mundo creció 22 veces y su PIB per cápita, 300 veces. Estas cifras contrastan marcadamente con las del primer milenio después de Cristo, cuando la población del mundo sólo creció una sexta parte y su PIB se mantuvo estancado.

Entre los años 1000 y 1820, el ingreso per cápita aumentó apenas 50%, a pesar de que la población mundial se había cuadruplicado. Sin embargo, el PIB per cápita de Gran Bretaña y Holanda, cuya economía estaba muy orientada hacia ultramar, se duplicó entre 1500 y 1820. A partir de 1820, el desarrollo de la economía mundial se aceleró considerablemente, el PIB per cápita aumentó ocho veces y la población, cinco.

Pero el PIB per cápita no es el único indicador de prosperidad. La esperanza de vida aumentó sustancialmente. En el año 1000, la esperanza de vida promedio era de 24 años. Un tercio de todos los recién nacidos moría antes de su primer cumpleaños.

La hambruna y las epidemias causaban estragos. En la actualidad, la esperanza de vida promedio en el mundo es de 66 años, aunque no en todas partes. Europa occidental, América del Norte, Australia y Japón han experimentado un aumento más rápido de la esperanza de vida.

En 1820, esas regiones geográficas eran dos veces más ricas que el resto del mundo. Y la brecha ha ido aumentando desde entonces. En 1998, la proporción en la brecha de riqueza entre estas economías y el resto del mundo era 7:1; entre Estados Unidos y África era 20:1. Sin embargo, estas diferencias no son permanentes. Durante la segunda mitad del siglo XX, varios países asiáticos demostraron que era posible reducir la brecha. Dicho esto, el crecimiento de Asia tuvo como contrapeso el estancamiento económico o la recesión en otras partes del mundo.

primer cable submarino transatlántico, con lo cual la información se volvió casi instantánea. Las distancias se volvieron más manejables, y ello repercutió en la actividad económica. La escala para fijar los precios era global. Los comerciantes adquirían productos agropecuarios e industriales casi en tiempo real, basándose en las necesidades inmediatas de sus clientes en el otro lado del mundo. Para finales del siglo XIX, el precio del trigo en Estados Unidos y Gran Bretaña se había alineado.

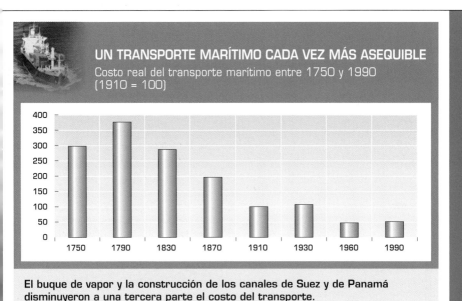

UN TRANSPORTE MARÍTIMO CADA VEZ MÁS ASEQUIBLE
Costo real del transporte marítimo entre 1750 y 1990
(1910 = 100)

El buque de vapor y la construcción de los canales de Suez y de Panamá disminuyeron a una tercera parte el costo del transporte.

Fuente: Crafts, N. y A. Venables (2003), *Globalization in History: A Geographical Perspective*, University of Chicago Press, p. 8, *www.nber.org/chapters/c9592.pdf.*
StatLink ▅▅ *http://dx.doi.or g/10.1787/888932780019*

Los gobiernos también desempeñaron un papel importante en la globalización económica. La nueva legislación facilitó el movimiento de los capitales entre países y continentes, lo que conllevó a la profesionalización del sector financiero. A partir de 1870, las salidas de capital desde Gran Bretaña se dispararon: la mitad del ahorro británico estaba invertido en el exterior. De igual modo, los capitales de Francia, Alemania y Holanda cruzaron los océanos para financiar el desarrollo de los imperios coloniales. Las equivalencias jurídicas, como en el caso de los derechos de propiedad, protegían la inversión en las colonias.

Al mismo tiempo, el siglo XIX fue propicio para el libre comercio. En 1846, el Parlamento británico abrogó las Leyes del Maíz, que desde 1815 habían protegido a los grandes terratenientes de la competencia del cereal cultivado en el extranjero. Gran Bretaña fomentó el comercio internacio-

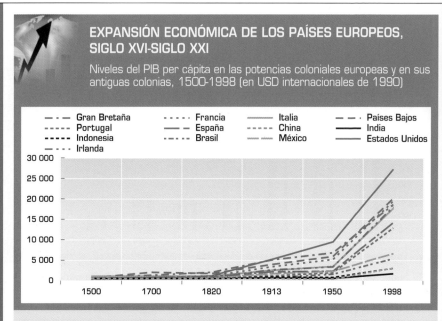

EXPANSIÓN ECONÓMICA DE LOS PAÍSES EUROPEOS, SIGLO XVI-SIGLO XXI

Niveles del PIB per cápita en las potencias coloniales europeas y en sus antiguas colonias, 1500-1998 (en USD internacionales de 1990)

Hasta el siglo XIX, las potencias europeas no eran mucho más ricas que sus colonias. La brecha empezó a ensancharse en 1820 y se hizo cada vez más pronunciada en el siglo XX.

Fuente: Maddison, A. (2001), *The World Economy: A Millennial Perspective*, Estudios del Centro de Desarrollo, OECD Publishing, p. 92.

StatLink ᯔᔿ᠍ *http://dx.doi.org/10.1787/888932780038*

nal. Los aranceles sobre las exportaciones industriales a Francia poco a poco disminuyeron hasta 24%. El comercio de mercancías se disparó entre los países europeos. Francia firmó una serie de tratados aduaneros con sus vecinos (Bélgica, Italia, España y Suiza). En Estados Unidos, por el contrario, los aranceles eran de más de 45% en 1883. Como aún sucede en la actualidad, la legislación de cada país y los tratados internacionales marcaron el grado de integración económica. Sin embargo, a pesar del auge del comercio global, el multilateralismo aún estaba fuera de discusión. Las políticas arancelarias se fijaban mediante tratados bilaterales, algunos de ellos firmados a punta de pistola. Gran Bretaña en particular, la mayor potencia económica y militar del mundo, dictaba sus preceptos sobre libre comercio a sus socios y pagaba aranceles mínimos a China, el Imperio Otomano y Persia.

A pesar de los brotes de proteccionismo ocasionales, el entrelazamiento —buscado o impuesto— cada vez más estrecho de las economías fue una característica predominante de la segunda mitad del siglo XIX. Entre 1840 y 1913, el volumen global de comercio se incrementó siete veces. Entre 1800 y 1913, la proporción del comercio internacional en el PIB global pasó de 1% a 8%. Los flujos migratorios aumentaron espectacularmente de la mano de las entradas y las salidas de capitales y mercancías. Durante el siglo XIX, 60 millones de europeos emigraron a otros continentes, un movimiento de personas sin precedente.

Las dos guerras mundiales detienen el proceso de globalización (1914-1945)

Además del alto costo en vidas humanas, los dos principales conflictos bélicos del siglo XX golpearon con fuerza al comercio internacional. La Primera Guerra Mundial ocasionó una contracción en el comercio en la mayoría de los países de Occidente, salvo Estados Unidos. En 1913, las exportaciones representaban sólo 3.7% de su PIB total, en comparación con 17.5% del Reino Unido, 16.1% de Alemania y 7.8% de Francia. Como la guerra redujo drásticamente las exportaciones europeas, Estados Unidos se posicionó como proveedor alternativo y se convirtió en uno de los mayores exportadores globales de productos agrícolas.

En el periodo entre las dos guerras, los países de Occidente básicamente se replegaron, lo que —afirman algunos historiadores— contribuyó a la creciente tensión que condujo a la Segunda Guerra Mundial. Después del armisticio, las redes económicas nacionales aún eran frágiles. Los países intentaron protegerse de la competencia internacional al resguardo de un nuevo arsenal de derechos compensatorios. Entre 1913 y 1925, Bélgica incrementó sus aranceles de 9% a 15%, e Italia, de 18% a 22%. El plan de Estados Unidos fue aún más lejos: para 1925 había aumentado a 37% el arancel promedio sobre los productos manufacturados. El comercio internacional se recuperó lenta y brevemente en la década de 1920, hasta el desplome bursátil de 1929, cuando se interrumpió el crecimiento incipiente. Dada la extrema interrelación de los mercados de capitales, Europa quedó atrapada en la vorágine y el proceso de globalización se ralentizó aún más. En Estados Unidos, el gobierno volvió más estricta su política de comercio al aprobar la ley Smoot-Hawley de 1930 e incrementar los aranceles sobre varios productos, incluidos los agrícolas (véase recuadro). Los efectos de esta legislación se dejaron sentir con fuerza en el comercio mundial cuando los socios comerciales de Estados Unidos tomaron represalias y aprobaron su propia legislación proteccionista. Entre 1929 y 1932, el comercio expresado en términos de USD se desplomó 60% y el valor de las exportaciones globales, a USD12 700 millones, en comparación con USD33 000 millones tres años antes.

La Ley Arancelaria Smoot-Hawley, una sobrerreacción proteccionista

La ley arancelaria que adoptó Estados Unidos en 1930 ocupa un lugar especial en los anales del proteccionismo económico. La revista *The Economist* la calificó como "el final tragicómico para uno de los capítulos más sorprendentes de la historia arancelaria mundial". Más de 1 000 economistas compartieron esa opinión y le escribieron al presidente Hoover para pedirle que vetara la legislación. "Casi me puse de rodillas para suplicarle a Herbert Hoover que vetara esa estupidez del arancel Smoot-Hawley", recuerda Thomas Lamont, entonces asociado en J.P. Morgan. "La ley intensificó el nacionalismo en todo el mundo." Nombrada así por sus proponentes, la Ley Arancelaria Smoot-Hawley elevó unos 900 aranceles. Algunos consideran que fue la causa principal de la reducción catastrófica del comercio internacional, que pasó de USD5 300 millones en 1930 a USD1 800 millones en 1934. Esta acusación probablemente es exagerada, pero la ley sin duda influyó en que la Gran Depresión se prolongara.

Las fronteras también se cerraron a las personas, con la consecuente contracción de los flujos migratorios.

Entre 1870 y 1913, Estados Unidos acogió a 15.8 millones de migrantes y Canadá a 861 000. Estas cifras se redujeron dos terceras partes entre 1914 y 1949. Aunque es cierto que ello mejoró las condiciones de vida en Europa, también redujo la tentación de emigrar.

El comercio internacional se reanudó, pero con dificultades, en la década de 1930. Sólo había recuperado la mitad del terreno perdido para 1938, la antesala de la Segunda Guerra Mundial, que destruyó tan frágil recuperación. El colapso de la inversión extranjera es una medida de los efectos de dos conflictos mundiales en la integración económica. Antes de la Primera Guerra Mundial, los activos totales de los inversionistas extranjeros en todo el mundo representaban 17.5% del PIB global. Para 1945, constituían sólo 4.5%.

Durante la primera mitad del siglo XX, los países, voluntaria o involuntariamente, obstaculizaron la globalización, pero aun así las políticas proteccionistas entre las dos guerras produjeron justo el resultado contrario al deseado: la segunda mitad del siglo XX fue testigo de un multilateralismo renovado que acompañó a la proliferación de las multinacionales.

Para saber más

DE LA OCDE...

The World Economy: A Millennial Perspective (2001): En esta obra fundamental, Angus Maddison presenta un panorama completo del crecimiento y la demografía mundial desde el año 1000. El autor traza varios objetivos: evaluar el desempeño económico de las naciones en el muy largo plazo, determinar los factores detrás del éxito de los países ricos y explorar los obstáculos existentes en otras partes. Asimismo, proporciona un análisis sin concesiones de las interacciones entre los países ricos y los demás.

The World Economy: Historical Statistics (2003): También de Angus Maddison, esta obra constituye la base de datos más completa a la fecha de análisis comparativos y cuantitativos en los siglox XIX y XX. Interpreta los principales factores en juego durante las distintas fases de desarrollo y comenta a detalle las herramientas analíticas que ayudan a explicar las variaciones en las tasas de crecimiento y el nivel de ingreso.

...Y OTRAS REFERENCIAS

Yale Global Online Magazine, revista en línea que es la publicación estrella del Yale Center for the Study of Globalization.

Analiza los múltiples aspectos de la interconexión global (incluidos los históricos) con base en los distintos estudios de la Universidad de Yale y de otras instituciones académicas, y en la investigación y las opiniones de especialistas del sector público y privado de todo el mundo. *www. yaleglobal.yale.edu.*

Publicaciones

Bound together: How Traders, Preachers, Adventurers and

Warriors Shaped Globalization (2007): En este entretenido libro, Nayan Chanda, director de publicaciones del Yale Center for the Study of Globalization, narra la globalización como una saga de mercaderes, misioneros, aventureros y guerreros. Chanda también describe las fuerzas económicas y tecnológicas tras la globalización contemporánea y ofrece un análisis estimulante de la mejor manera de abordar un mundo cada vez más integrado.

Globalization in Historical Perspective (2003): Serie de ensayos editados por Michael D. Bordo, Alan M. Taylor y Jeffrey G. Williamson que ofrece un análisis cronológico y sectorial de la globalización. La primera serie de análisis muestra una medición del proceso de globalización a partir de la integración a largo plazo de los distintos mercados (de bienes y materias primas, trabajo y capital) del siglo XVI a la fecha. La segunda serie estudia la importancia de la tecnología y la geografía, el impacto de la globalización en las desigualdades y la justicia social, y el papel de las instituciones políticas. El último grupo de análisis comprende el fuerte impacto de los sistemas financieros internacionales en la globalización, sobre todo después de que éstos se globalizaran en el siglo XIX.

Material Civilisation, Economy and Capitalism (1979): Los tres volúmenes de esta famosa obra del historiador francés Fernand Braudel presentan la historia económica, social y cultural del capitalismo antes de la Revolución Industrial. Braudel proporciona un análisis longitudinal y crea el concepto de "economía mundial", que él diferencia de economía global por hacer referencia a una región del mundo que constituye un agrupamiento económico coherente y organizado en torno a un eje urbano dominante.

3

A pesar de las rivalidades entre bloques ideológicos, el comercio internacional se recuperó de manera sorprendente en la posguerra. La apertura
comercial de Occidente se dio en un contexto multilateral que, conjuntamente con los avances en los medios de transporte y comunicación,
creó un ecosistema favorable para las economías cada vez más entrelazadas. Este ecosistema permitió a las compañías realizar sus actividades
de negocio fuera de su país de origen. Las multinacionales fueron fundamentales para darle rostro a la globalización.

Una integración económica creciente en un mundo dividido

A manera de introducción...

Es julio de 1944, un mes casi siempre de calma. La elegante estación de esquí de Bretton Woods, en New Hampshire (Estados Unidos) está en ebullición. No hay ni una sola habitación sin reservar. Durante tres semanas completas, su elegante clientela cambiará el rostro del mundo. La Segunda Guerra Mundial ni siquiera ha terminado cuando ya 730 delegados, en representación de 44 naciones aliadas, están elaborando la arquitectura que regirá las relaciones económicas internacionales durante los próximos decenios.

El 22 de julio, los gobiernos del "mundo libre" firmaron una serie de acuerdos que introdujeron un nuevo sistema monetario, crearon instituciones para la reconstrucción económica y la normatividad, y sentaron las bases de un sistema de gestión del comercio internacional. En 1945, Henry Morgenthau, secretario del Tesoro del presidente Franklin D. Roosevelt, resumió el espíritu del acuerdo de Bretton Woods de la siguiente manera: "Las medidas colectivas para proteger a la población mundial de las amenazas a la paz [...] no deben depender únicamente de un sistema internacional para ventilar disputas y prevenir agresiones, sino también de la cooperación económica entre las naciones con miras a prevenir y eliminar las disfunciones sociales y económicas". Este deseo de una cooperación económica más estrecha auguró un periodo de globalización intensificada.

Entre la posguerra y la década de 1990, los principios de la Guerra Fría y la descolonización —y particularmente el Movimiento de Países No Alineados— fomentaron la fragmentación mundial. Los gobiernos experimentaron con varios modelos políticos y económicos dentro de sus fronteras o esferas de influencia. Ahí, los vínculos económicos se fortalecieron, incluso si la globalización avanzaba de manera desigual.

La reconstrucción anunciaba el comienzo de una era de prosperidad sin precedentes, sobre todo en los países de Occidente y en Japón. Entre 1950 y 1973, la economía mundial creció un promedio de 3.9% cada año. La tasa de natalidad se disparó. Las condiciones sanitarias mejoraron considerablemente. En 25 años, casi 1 500 millones de personas se sumaron a la población mundial. El fuerte crecimiento económico posibilitó, en términos generales, atender esta nueva demanda.

El efecto combinado de las resoluciones de Bretton Woods y de los avances tecnológicos arraigó un ecosistema que promovía el comercio. Este ambiente facilitó la integración económica global, que tuvo como importante fuerza aglutinante a las multinacionales.

Un nuevo ecosistema global favorable para el comercio

Los avances tecnológicos desempeñaron un papel fundamental en el fin de la guerra, como sucede en cada etapa de globalización intensiva. El mejoramiento del transporte y de las técnicas de comunicación abrió la puerta a nuevos modelos económicos.

Por principio de cuentas, el desarrollo de la aviación comercial civil unió más a los transportistas. Las primeras compañías de transporte de carga aéreo se fundaron en 1948. Los jets acortaron considerablemente la duración de los trayectos. La industria del turismo, por negocios o por placer, vio la luz. En 1945, nueve millones de pasajeros viajaron en vuelos comerciales. Para 1948, la cifra era de 24 millones y ésta no ha dejado de aumentar.

La productividad de la marina mercante también aumentó. La reducción en los costos del transporte gracias a la contenerización, utilizada desde principios de la década de 1960, dotó a las navieras de más flexibilidad organizacional (véase la perspectiva de Jan Blomme en el capítulo 4). Los contenedores protegían mejor la mercancía —reduciendo así los costos—, facilitaban la carga y descarga, y generaban ahorros por concepto de porteo, almacenamiento y empacado.

Las décadas de la posguerra también atestiguaron el uso masivo del teléfono como principal medio de comunicación. Durante la segunda mitad del siglo XX, el costo de las llamadas internacionales se redujo sustancialmente (véase gráfica). En 1930, una llamada telefónica de tres minutos entre Nueva York y Londres costaba USD250. En este siglo, cuesta menos de 23 centavos. El teléfono vino a ocupar un lugar especial en la mayoría de los hogares y las compañías de los países de la OCDE. Los emprendedores, hombres y mujeres, podían realizar negociaciones en unas cuantas horas y se convirtieron en la mente maestra de la globalización.

En este fenómeno también influyeron enormemente los acontecimientos políticos. El acuerdo de Bretton Woods condujo a la creación del Banco Mundial, cuya función inicial era facilitar la reconstrucción y el desarrollo, y del Fondo Monetario Internacional (FMI), cuya misión es garantizar la estabilidad del sistema monetario internacional (requisito fundamental del comercio internacional dinámico). Los diplomáticos que asistieron a Bretton Woods también consideraron la creación de una organización internacional dedicada específicamente al comercio internacional. Pero sin suficiente consenso político para crearla, un número reducido de países se comprometió a un convenio multilateral: el Acuerdo General de Aranceles Aduaneros y Comercio (GATT, por sus siglas en

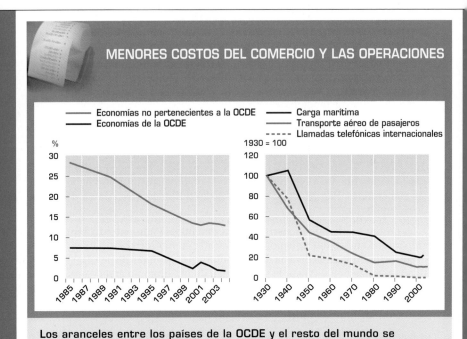

MENORES COSTOS DEL COMERCIO Y LAS OPERACIONES

Economías no pertenecientes a la OCDE
Economías de la OCDE

Carga marítima
Transporte aéreo de pasajeros
Llamadas telefónicas internacionales

Los aranceles entre los países de la OCDE y el resto del mundo se redujeron 50% en casi 20 años. Gracias a la disminución en el precio de las comunicaciones, los costos operativos se han reducido drásticamente.

Fuente: OCDE (2007), *OECD Economic Outlook,* vol. 2007/1, OECD Publishing.
StatLink ᴍᴀᴮ *http://dx.doi.org/10.1787/888932780057*

inglés). Las innovaciones políticas de Bretton Woods sentaron las bases para las relaciones económicas internacionales de la actualidad y contribuyeron a la globalización de los tiempos modernos.

Fronteras abiertas al comercio: la dinámica GATT-OMC

El periodo de la posguerra marcó un rechazo al proteccionismo en los países de Occidente. El objetivo de Bretton Woods era evitar, en la medida de lo posible, un estrangulamiento del comercio —como ocurrió en la década de 1930— y los efectos desastrosos que ello tuvo en la prosperidad y la estabilidad mundial. Aprobado en 1947 con la ratificación de 23 naciones, el GATT tenía como propósito fundamental la liberalización del comercio de mercancías. Las medidas, adoptadas tras varios años de rondas de negociación, eliminaron toda una serie de aranceles aduaneros y obstáculos nacionales al comercio.

La dinámica del GATT ha sufrido altibajos. Aunque muchos Estados poco a poco empezaron a observar las disposiciones del acuerdo, también recayeron en el proteccionismo, sobre todo en las industrias textil y automotriz. Los acuerdos algodonero (1963) y multifibras (1974) de largo plazo para proteger a la industria textil de los países industrializados, divergieron de las reglas de no discriminación del GATT. El acuerdo multifibras fue (parcialmente) derogado apenas en 2005.

En la década de 1970, el gobierno de Estados Unidos amenazó con tomar medidas económicas restrictivas contra los automóviles japoneses. Tokio, que hasta entonces había impuesto límites estrictos a las importaciones, acordó reducir sus exportaciones automotrices. En 1977, ambos países firmaron un acuerdo bilateral en el que Japón se comprometió a limitar la exportación de televisores a color durante tres años. Para no quedarse atrás, la Comunidad Europea tomó medidas restrictivas en 1983 contra una serie de productos japoneses, desde videocaseteras hasta camionetas. Entonces, las armadoras japonesas Toyota, Honda y Nissan decidieron abrir plantas de ensamblado en Estados Unidos y Europa, con la consecuente generación de abundantes fuentes de trabajo. Esto no bastó para que las tensiones se relajaran del todo. En 1987, los congresistas estadounidenses destruyeron simbólicamente tocacintas Toshiba en la escalinata del Capitolio.

A pesar de estos episodios de proteccionismo, la dinámica de libre acceso del GATT se impuso: entre 1947 y 1994, el arancel internacional promedio disminuyó 80%. Este logro quedó formalizado en 1995 con la creación de la Organización Mundial del Comercio (OMC) mediante el Acuerdo de Marruecos. El nuevo organismo autorizó a los miembros a tomar represalias comerciales contra aquellos que no respetaran sus compromisos y creó el Órgano de Solución de Diferencias (OSD) para que los gobiernos pudieran hacer valer sus derechos. Sin embargo, el objetivo principal de la OMC sigue siendo buscar negociaciones para el comercio de productos y extenderlas a otros sectores, como los servicios y la propiedad intelectual. Actualmente la OMC agrupa a más de 157 países miembros que representan más de 90% del comercio mundial. Para 2008, el arancel promedio aplicado a los bienes que circulaban alrededor del mundo había descendido a sólo 5%.

La libre circulación de capitales

Dos importantes acontecimientos ocurrieron en sucesión después de la Segunda Guerra Mundial y transformaron el sistema monetario internacional y los flujos internacionales de capitales. El primero ocurrió al final de las negociaciones de Bretton Woods. Por primera vez, los 44 países firmantes se comprometieron a mantener una paridad cambiaria fija frente al USD y el oro (el "patrón oro"), bajo los auspicios del FMI. Aunque este nuevo sistema armonizó las relaciones monetarias, no hizo que todas las monedas fueran convertibles entre ellas y, por tanto, fue un paso pequeño hacia la integración monetaria global. Los países aún controlaban rigurosamente el movimiento de los capitales, lo que restringía en grado extremo la inversión internacional.

Las cosas cambiaron a principios de la década de 1970 con la creación de un nuevo sistema monetario internacional que aún está vigente. Cuando los desequilibrios monetarios pusieron en riesgo la economía de Estados Unidos en 1971, el presidente Nixon canceló la convertibilidad directa del dólar estadounidense con el oro. En 1976, los acuerdos de Jamaica ratificaron la transición a un tipo de cambio generalizado de flotación libre. Todas las monedas eran convertibles entre sí a una paridad variable basada en la oferta y la demanda. Este cambio no es *per se* sinónimo de una mayor globalización, dado que las compañías encaraban ahora un riesgo de divisas al realizar sus operaciones y las políticas monetarias nacionales podían sancionar a los países socios. Sin embargo, al aumentar el número de oportunidades para el comercio internacional sin tener que recurrir exclusivamente al oro o al dólar, el nuevo sistema tendía a ser más "globalizante" que el anterior.

Con base en lo anterior, la verdadera novedad que aceleró la globalización económica en la década de 1970 fue la apertura gradual de las fronteras a los flujos de capitales. En 1974, Estados Unidos se deshizo de los controles sobre las entradas y las salidas de capitales. El Reino Unido siguió sus pasos en 1979 y, a finales de los años ochenta, lo hicieron Europa occidental, Escandinavia y Japón. El Sistma Monetario Europeo (SME), creado a finales de la década de 1970, finalmente estimuló el levantamiento de todas y cada una de las restricciones al movimiento de los capitales entre los países miembros. La liberalización generalizada del movimiento de capitales alimentó dos componentes fundamentales de la globalización: la inversión extranjera directa (IED) y la internacionalización de los mercados financieros. Ambos aspectos cobraron preponderancia en las décadas siguientes y desempeñaron un papel cada vez más importante en el financiamiento de la economía mundial (véase capítulos 4 y 8).

A finales de los años ochenta, esta tendencia se extendió a los países en desarrollo. El FMI y el Banco Mundial, actuando conforme al Consenso de Washington, obligaron a estas naciones a aplicar programas de reforma estructural —incluida la apertura de sus fronteras al capital extranjero— a cambio de otorgarles créditos. El Consenso de Washington, un conjunto de medidas concebido inicialmente para ayudar a los gobiernos latinoamericanos que se encontraban muy endeudados y enfrentaban una crisis de déficit público, defiende el rigor presupuestal y la privatización económica, así como la libre circulación de capitales. Posteriormente, sus principios fueron aplicados a otros países en desarrollo. Este controvertido proceso —en términos de sus efectos económicos y sociales— contribuyó a incrementar los flujos de capitales entre los continentes.

Por tanto, los acontecimientos que se desprendieron del acuerdo de Bretton Woods modificaron profundamente el rostro de la globalización al crear marcos conceptuales que garantizaban la economía de mercado y el libre comercio, y permitían a las compañías realizar sus actividades a través de las fronteras. Esta dinámica institucional también ocurrió en el plano regional, sin que ello tuviera grandes repercusiones para la integración económica global.

Los espacios económicos regionales: ¿factores de globalización o frenos?

Desde finales de la Segunda Guerra Mundial hasta los años noventa, se crearon varias organizaciones económicas regionales: la Comunidad Económica Europea (CEE) en 1957, la Asociación de Naciones del Sudeste Asiático (ANSEA) en 1967, la Comunidad Económica de Estados de África Occidental (CEDEAO) en 1975, el Mercado Común del Sur (MERCOSUR) en América Latina en 1991 y el Tratado de Libre Comercio de América del Norte (TLCAN) en 1994. El propósito de todos ellos es facilitar el comercio entre sus miembros y fortalecer la cooperación económica y comercial.

Estos grupos de interés, diseñados como contrapeso de los competidores que todos los Estados miembros tenían en común, pueden verse como obstáculos para una integración global verdadera. En la década de 1950, las organizaciones regionales no se libraron de la lógica de la Guerra Fría. La Organización Europea para la Cooperación Económica (OECE), la antecesora de la OCDE, se fundó en 1948 para encargarse de la aplicación del Plan Marshall y facilitar el libre comercio entre las economías europeas. La respuesta fue la creación, en 1949, del Consejo de Ayuda Mutua Económica (COMECON), una comunidad comercial privilegiada para los países del bloque comunista que encabeza la Unión Soviética. Al principio, la ANSEA también pretendía unificar a los países no comunistas del sudeste asiático. Estas organizaciones regionales reflejaron las divisiones ideológicas en el mundo.

También crearon distorsiones en las relaciones económicas internacionales al introducir relaciones privilegiadas entre países específicos, con la consecuente exclusión de todos los demás. La defensa por parte de una organización regional (como la Unión Europea y la ANSEA, dentro del marco de la OMC) de los intereses de sus miembros en las negociaciones comerciales internacionales pudiera contravenir el principio de no discriminación, conforme al cual los países deben abrir sus fronteras a todas las demás naciones sin hacer ningún tipo de distinción.

Sin embargo, las organizaciones regionales también pueden verse como semillas —o, más bien, puntas de lanza— de la globalización. La proximidad geográfica y cultural de sus países miembros significa que la ejecución resulta más sencilla y que promueven la integración económica más eficazmente que los proyectos institucionales universales. Esta idea es la esencia de los artículos de la OMC.

Las organizaciones económicas regionales muestran grandes diferencias en el grado de integración económica que permiten, y entran en tres categorías principales:

▶ Las zonas de libre comercio son una personificación relativamente limitada de la integración económica. Reducen o eliminan ciertas barreras arancelarias entre los países miembros, pero sin perder sus políticas de comercio hacia terceros países. Algunos ejemplos son la ANSEA (consorcio de 10 países asiáticos), el TLCAN (tratado entre Estados Unidos, Canadá y México) y la CEDEAO (un grupo regional de 16 países de África occidental), aunque con resultados ambivalentes.

▶ Las uniones aduaneras van un paso más lejos. Agrupan las políticas de comercio exterior de los países miembros en un régimen aduanero común. Creada en 1957, la CEE es es una unión aduanera, así como el MERCOSUR, que incluye a Brasil, Argentina, Paraguay, Uruguay y Venezuela, y fue instituido en 1991.

▶ Por último, en las uniones económicas o en los mercados comunes los Estados miembros armonizan sus políticas económicas y fiscales. Los bienes, los capitales y las personas circulan libremente en el conjunto de la zona y se rigen por las mismas leyes. En 1992, el Tratado de Maastricht creó una unión económica y monetaria que abrió camino a la aprobación del euro en 1999. En la actualidad, la Unión Europea es una de las formas de integración económica regional más avanzadas.

Como hemos visto, toda una serie de estructuras institucionales ideadas para facilitar el comercio internacional y la integración económica proliferaron después de la Segunda Guerra Mundial. También se fomentó el capitalismo empresarial, por lo menos en el mundo occidental. Las multinacionales aprovecharon esta tendencia —y el avance tecnológico— para ser punta de lanza de la globalización.

El papel clave de las multinacionales

Las multinacionales tienen a veces una imagen negativa. Algunos piensan que explotan los recursos en detrimento de la población y el medio ambiente locales, además de ostentar un poder financiero que excede las facultades y la esfera de acción del poder político. Aunque el comportamiento de algunas compañías podría explicar tal imagen negativa, ésta refleja la realidad sólo parcialmente. Las multinacionales también son grandes vehículos del crecimiento y la actividad económica, además de que abren puestos de trabajo y estimulan la innovación y la transferencia de tecnología. Sin embargo, el objetivo de este capítulo no es evaluar el impacto de las multinacionales en la economía y la sociedad (tocaremos este tema, junto con los otros efectos de la globalización, en los siguientes capítulos), sino describir cómo han dado forma al rostro de la globalización.

Por definición, las multinacionales son muy representativas de la actividad económica globalizada porque realizan sus actividades en varios países. Debido a su peso económico, pero también por su modo de producción, distribución y administración a través de las fronteras, también son puntos neurálgicos de la globalización. Desde la década de 1960, estas empresas han ido optimizando sus actividades al detectar las ventajas comparativas de los países en cada etapa de la producción y la comercialización. Esto ha llevado a una integración económica sin precedentes.

La búsqueda de materias primas y la convergencia de los mercados de distribución

La Dutch East India Company suele considerarse la primera multinacional de la historia. Fundada en 1602, dominó el comercio marítimo durante varias décadas con sus establecimientos comerciales en las colonias de Indonesia, India, China, Japón y Arabia, y adquirió tal poder financiero que acuñó su propia moneda. Pero las empresas transnacionales realmente despegaron a finales del siglo XIX, gracias a los avances tecnológicos y a las nuevas necesidades derivadas de la primera y segunda Revolución Industrial y el desarrollo paralelo de los medios de producción capitalistas. A partir de 1890, Standard Oil, la gigantesca petrolera estadounidense que fundara John D. Rockefeller, empezó a expandirse hacia varios países para explotar sus preciadas reservas petroleras. En esa misma época surgieron también las primeras multinacionales europeas. En 1913, el grupo anglodanés Royal Dutch Shell supervisó un emporio petrolero que se extendía desde Indonesia hasta México.

Aunque la principal razón de que las multinacionales abrieran establecimientos en otros países fue el aprovechamiento de las materias primas y los recursos naturales estratégicos (como hiciera la Dutch East India

Company con las especias), también necesitaban acercarse a los mercados de distribución de sus productos. Las cuotas de importación, los elevados aranceles y los costos de transporte orillaron a las compañías a abrir sitios de producción locales, abastecidos con materia prima del lugar. Ya en 1907, el fabricante de neumáticos francés Michelin había abierto una planta en Turín, Italia. En 1914, el fabricante estadounidense de productos para la piel, Colgate, abrió su primera subsidiaria extranjera en Canadá. Para 1926, Coca-Cola ya estaba presente en 26 países, casi todos europeos. Al mismo tiempo, varias empresas europeas abrieron fábricas en Estados Unidos a partir de la década de 1920.

La fragmentación de la producción y la búsqueda de países con bajos salarios

Aunque sus modelos organizacionales y administrativos variaban considerablemente, las multinacionales contribuyeron a los grandes cambios de la era industrial y a veces los auguraron. En la primera mitad del siglo XX, la estandarización de los productos estaba a la orden del día en la industria. En 1908, Henry Ford pronunció estas famosas palabras respecto a su recién lanzado Modelo T: "Cualquier cliente puede tener el coche del color que quiera siempre y cuando sea negro". La economía productivista prevaleciente durante el auge de la posguerra (1945-1975) siguió dependiendo de la producción en masa estandarizada. Este modelo, conforme al cual la demanda sigue a la producción, se mantuvo por más de 60 años. Después, la tendencia consistió en basarse en el consumo, es decir, prestar más atención a los deseos de la clientela. Gracias a su mayor poder adquisitivo, los consumidores demandaban productos más variados y personalizados, en vez de modelos en serie. Las compañías se vieron obligadas a adaptarse. El modelo de administración prevaleciente, conocido como taylorismo —una forma científica de administrar ideada por Frederick Winslow Taylor—, le cedió el paso a una mayor flexibilidad.

Conforme los países iban abriendo sus fronteras al comercio tras la posguerra, las compañías se enfrentaron a una competencia cada vez mayor. La creciente exigencia de adaptarse a las necesidades de los consumidores y seguir siendo competitivas produjo nuevos preceptos de administración: olvidarse del exceso de capacidad y de los inventarios reducidos, pues ello inmoviliza el capital y eleva los costos. Las compañías segmentaron el proceso de producción en módulos. La idea de la cadena de valor se impuso. La producción se separó de las actividades secundarias, y el ensamblado de la fabricación de componentes, con lo cual se optimizó cada etapa del proceso de producción para obtener nuevas ventajas competitivas. Surgieron redes de proveedores externos (ensambladores, fabricantes de componentes, seguridad, etc.) alrededor de las marcas principales, mientras que las compañías matrices de nueva cuenta se concentraron en su actividad de negocios principal. En la década de 1970, International Business Machines Corporation (IBM) y Toyota Motor Corporation fueron de las primeras en acoger el modelo de cadena de valor, que se popularizó en las décadas posteriores.

Aunque este nuevo modo organizacional no era exclusivo de las multinacionales, sí constituyó un cambio radical que animó a las empresas a iniciar operaciones en el exterior. Como lo explica la profesora del Instituto Tecnológico de Massachusetts (MIT, por sus siglas en inglés), Suzanne Berger, en *How We Compete: What Companies Around the World Are Doing to Make it in Today's Global Economy:* "Las compañías, sobre todo las multinacionales, han alcanzado tal grado de eficacia y complejidad que han tenido que explorar nuevas opciones para mejorar la productividad y diferenciarse de la competencia. El traslado de ciertas unidades de producción a los países con salarios bajos se derivó de tal exploración. La economía se modularizó". (Véase "Para saber más" al final de este capítulo, así como la bibliografía.) Con la fragmentación de la producción, la reducción de los costos de mano de obra también se convirtió en un parámetro importante. A partir de los años sesenta, las compañías de Occidente buscaron mano de obra de bajo costo en países que a veces estaban muy lejos de sus zonas de distribución. La fabricación de muebles, textiles, alimentos, automóviles, aparatos electrónicos y máquinas herramienta fue total o parcialmente transferida a los países de salarios bajos, sobre todo en el Este y el Sur. Empezó a surgir una nueva forma de división internacional del trabajo.

Cientos de compañías han elegido a China como lugar de producción desde que el gigante asiático se abriera a la economía de mercado a finales de la década de 1970. No obstante, la cercanía geográfica y cultural de las empresas a su base de clientes también influye en la toma de decisiones. En los años noventa, la firma de los nuevos acuerdos de accesión de la UE acercó a Polonia, Hungría y la República Eslovaca a sus vecinos de Occidente. Al transplantar el marco legislativo europeo a la legislación nacional, los costos de reubicación se redujeron y los inversionistas obtuvieron más protección jurídica. Estos países se convirtieron en los destinos preferidos de las compañías europeas, que así podían distribuir sus productos manufacturados a un costo más bajo por toda Europa occidental. En el otro lado del Atlántico, la firma del TLCAN en 1994 tuvo por objeto que México desempeñara esta misma función para Estados Unidos y Canadá. Los bajos salarios en México permitieron a las compañías fabricar productos con valor agregado medio o bajo a un costo más reducido y luego distribuirlos en el Norte.

A pesar de que las multinacionales utilizaron exhaustivamente la producción segmentada y las operaciones en países con mano de obra barata, su modelo no era homogéneo. Cada compañía seguía su propio camino. Algunas multinacionales optaron por replicar sus clústers de producción integrada en distintas regiones del mundo. En la actualidad, Intel, fabricante estadounidense de semiconductores, cuenta con plantas manufactureras en Irlanda, China, Malasia, Costa Rica, Israel y Vietnam. En la década de 1990, el fabricante de automóviles Volkswagen abrió una planta integral en Puebla, al estilo de los modelos operacionales europeos pero sin prescindir de sus proveedores externos tradicionales. Otras compañías optaron por ubicar sus centros de producción, investigación y distribución con base en la ventaja competitiva de cada país. En 1973, la compañía agroalimentaria estadounidense Unilever contaba con una fábrica de jabón en cada país europeo. Poco a poco, el grupo concentró las actividades de producción en algunos países y las de distribución en otros. En la actualidad, Unilever cuenta con dos sitios de producción en Europa y utiliza canales de distribución extremadamente complejos para transportar sus jabones a los mercados locales.

La era de las multinacionales concatenadas

Después de haber subcontratado en el extranjero muchas de sus actividades, las multinacionales se convirtieron en verdaderas galaxias conformadas por más o menos compañías especializadas, relacionadas en mayor o menor grado con la compañía matriz. Los subcontratistas reemplazaron a algunos departamentos internos. En 1996, IBM era el centro de una constelación de casi 1 000 compañías que cotizaban en bolsa. Gap, la cadena estadounidense distribuidora de prendas de vestir, depende de unas 3 000 plantas en todo el mundo para llenar sus escaparates.

No es raro que los subcontratistas de las multinacionales sean, a su vez, multinacionales con su propia red de subcontratistas. Esto resulta particularmente cierto en el caso de los fabricantes de equipo original. Estas fábricas especializadas de componentes son mucho más que un subcontratista. Ofrecen soluciones integrales o completas a las multinacionales que desean contratar ciertas operaciones. HP o Fujitsu Siemens, por ejemplo, no ensamblan ellas mismas sus computadoras. La mayoría de los consumidores europeos o estadounidenses ignoran que los grandes fabricantes globales de computadoras son taiwaneses: Compal, Foxconn y Quanta. Foxconn, que emplea a 200 000 personas alrededor del mundo, no sólo fabrica productos para terceros, sino también los crea. En 2005, era propietaria de 15 000 patentes. En los casos más extremos, la empresa propietaria de la marca sólo pone su etiqueta en el embalaje. Este tipo de fabricantes se han vuelto socios indispensables de las empresas industriales de la época moderna y son mancuerna fundamental de la globalización. Realizan sus operaciones en el segmento de aparatos electrónicos de consumo, la industria automotriz y la aeronáutica. Boeing, fabricante de aeronaves, redujo a la mitad el número de proveedores externos en el mundo cuando recurrió a los fabricantes de equipo original integrales.

¿Qué son el "empleo" y el "desempleo"?

En 1992, tomaba 45 días ensamblar un Boeing 737. La empresa aeronáutica que fabrica este avión reorganizó su sistema de producción al incluir a sus proveedores en el preensamblado de módulos enteros, inspirándose en los fabricantes de automóviles japoneses.

La compañía eliminó los desplazamientos al llevar los componentes directamente a las manos de los trabajadores mediante un sistema de envíos complejo. Las empresas subcontratadas que se ubican en Japón, Italia o el Reino Unido empezaron a entregar módulos preensamblados, que sólo necesitaban unirse.

Los sistemas conexos existentes con los proveedores les permitieron manejar los pedidos de manera más eficiente. Como conocían en tiempo real las necesidades a todo lo largo de la cadena, podían sincronizarse con el ritmo del cliente y prever pedidos futuros, reduciendo con ello los tiempos de entrega todavía más. En 2005, tomaba sólo ocho días ensamblar un Boeing 737.

El fabricante de aeronaves incluso fue más lejos con su Boeing 787 Dreamliner al crear un plan de producción que incluía a decenas de proveedores en todo el mundo (Australia, India, España, etc.).

En esta ocasión, la cadena de suministros global no sólo redujo los tiempos de producción sino el tiempo necesario para la investigación y el desarrollo.

En combinación con la producción y los envíos justo a tiempo, esta red operacional —que comprende todo un cúmulo de participantes interconectados y coordinados— ha permitido a las compañías lograr ganancias en productividad fenomenales (véase el recuadro de abajo sobre Boeing). No obstante, estos sucesos han repercutido negativamente en los países industrializados: las plantas manufactureras en los sectores de bajo valor agregado que no se adaptaron a estos cambios con suficiente rapidez perdieron terreno, quebraron o redujeron la producción. Pero las ganancias en productividad en otros sectores compensaron este fenómeno (véase capítulos 5 y 6).

Por el efecto combinado de las innovaciones tecnológicas, un contexto político propicio para el comercio y las multinacionales dinámicas, el comercio global experimentó un crecimiento excepcional durante la segunda mitad del siglo XX. La exportación de mercancías aumentó, en promedio, 6% al año. En 1970, la participación del comercio exterior en el PIB global había vuelto a aumentar a 8%, su máximo a principios del siglo XX. Entre 1955 y 1975, el valor de las exportaciones mundiales se multiplicó por nueve, mientras que la producción global "tan sólo" se cuadruplicó. A pesar de una ligera desaceleración a finales del periodo de la posguerra, la contribución del comercio internacional al PIB global aumentó y auguraría la creciente integración de las economías mundiales, que se aceleró incluso más en los años noventa.

LA HISTORIA DE LA GLOBALIZACIÓN NO ES LINEAL

Evolución de la proporción de los bienes exportados en el producto nacional bruto (PNB) total, 1820-1992

El comercio mundial se contrajo después de la Primera Guerra Mundial y sólo se recuperó a partir de la década de 1950. La proporción de los bienes exportados en el PNB refleja la importancia del comercio internacional en la economía.

Fuente: O'Rourke, K. (2002), *200 ans de mondialisation, Courrier de la Planète*, No. 69.
StatLink ▓▒▓ *http://dx.doi.org/10.1787/888932780076*

Para saber más

Staying competitive in the world economy: Moving up the value chain (2007): Este informe presenta una gran cantidad de datos de la OCDE sobre la globalización de las cadenas de valor y el incremento en la subcontratación externa y la deslocalización. Analiza la incidencia de la globalización de la producción en los países de la OCDE a nivel macroeconómico y sectorial, así como el efecto de la globalización en la competitividad de dichas naciones. Considera la progresión en la cadena de valor de los países de la OCDE y en China, conforme la investigación y el desarrollo ganan terreno en los países emergentes.

The Internationalisation of Production, International Outsourcing and Employment in the OECD (2007): Este documento de trabajo elaborado por el Departamento de Asuntos Económicos de la OCDE describe y analiza la subcontratación masiva, la internacionalización de la producción industrial y el empleo en la zona de la OCDE.

How We Compete: What Companies Around the World Are Doing to Make it in Today's Global Economy (2006):

La profesora Suzanne Berger del Instituto Tecnológico de Massachusetts coordinó un extenso estudio global que decodifica el funcionamiento de la globalización en la época moderna: la segmentación en módulos, la contenerización, las cadenas de suministros distribuidas geográficamente, etc. *How We Compete* brinda varias claves para comprender las estrategias de las multinacionales que son parte medular de la globalización hoy en día.

Le grand bazar mondial (2005): Estudio de Laurence Benhamou que ahonda en cómo y por qué los bienes de consumo se producen alrededor del mundo y son cada vez más baratos. El libro incluye entrevistas a "compradores" que, sin conocimiento de la ciudadanía, buscan los productos de más bajo costo en todo el mundo. Su testimonio como participantes fundamentales de la globalización permite a los lectores entender el funcionamiento de este fenómeno.

Smartsourcing: Driving Innovation and Growth Through Outsourcing (2006): Thomas M. Koulopoulos fundó Delphi Group, uno de los principales proveedores globales de equipo para la industria automotriz. En este libro, explica la operación de las cadenas de suministro y la subcontratación global, y ofrece una visión muy pragmática de la globalización.

4

En la década de 1990 se registró una integración sin precedentes de las economías mundiales, gracias a la influencia combinada de la apertura del bloque comunista a la economía de mercado y a la revolución de las tecnologías de la información y la comunicación. Los bienes y el capital, salvo contadas excepciones, experimentaron una globalización masiva. La globalización fue más limitada en el ámbito de los servicios y la mano de obra, a pesar del crecimiento en algunas áreas.

¿Una aldea global o semiglobal?

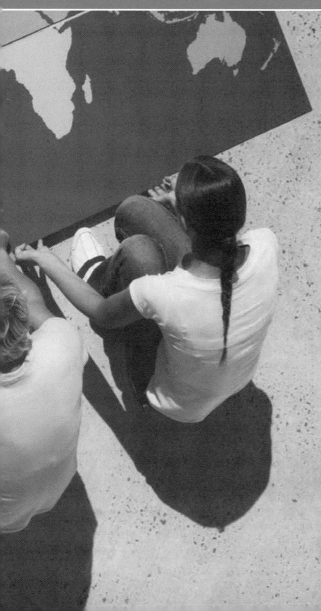

A manera de introducción...

Ginebra, julio de 2008. Después de incontables días de negociaciones intensas, la Ronda de Doha termina en fracaso. Los miembros de la Organización Mundial del Comercio (OMC) no logran comprometerse a disminuir los subsidios agrícolas ni los aranceles sobre productos industriales y agrícolas. Cada vez es más remota la posibilidad de llegar a un acuerdo que brinde equidad en las relaciones comerciales a la mayoría de los países, el principio del trato entre iguales que mencionara el Secretario General de la OCDE, Angel Gurría. La integración del comercio mundial aún es desequilibrada e incompleta.

No obstante, la velocidad de la globalización ha aumentado marcadamente desde principios de los años noventa. La caída del Muro de Berlín en 1989 y el fin de los regímenes comunistas desfragmentaron al mundo. Los países occidentales siguieron abriéndose al comercio internacional y prosiguieron la desregulación que iniciara en la posguerra. Cientos de millones de trabajadores y consumidores de los países que pertenecían al antiguo bloque comunista se sumaron a la economía de mercado, y a ellos les siguieron mil millones de indios, cuyo país estaba saliendo de un largo periodo de aislamiento económico.

Al mismo tiempo, la revolución de las tecnologías de la información y la comunicación dejaba su huella. La computación se vulgarizó en los años ochenta, allanándole el camino a la administración corporativa y a los métodos de producción. El internet, y en particular la banda ancha a principios de este siglo, dinamizaron el comercio internacional. Al crear una comunicación instantánea, eliminar intermediarios y reducir costos, la Web mejoró enormemente la productividad corporativa. Ahora era posible pedir a la medida componentes, ensamblado y envíos. Las compañías participaron en las ventas directas y redujeron sus existencias en favor de la producción y la distribución justo a tiempo, que les permitía minimizar costos. Las compañías que eran sus clientes y las bases de datos de sus proveedores también se comunicaban instantáneamente. Los sistemas computarizados ahora hablan el mismo idioma, sin restricciones geográficas.

Para algunos, este nuevo paradigma político y tecnológico definitivamente ha convertido al mundo en la "aldea global" que predijo el filósofo Marshall McLuhan a finales de la década de 1960: un "mundo plano" que da rienda suelta tanto a los flujos de información como a los flujos económicos. Para otros, todavía hay muchos obstáculos al comercio, a pesar de los avances en las telecomunicaciones. Algunos analistas incluso hacen referencia a una "semiglobalización". ¿A qué se debe esto? Este capítulo describe la aceleración de la globalización en los últimos 20 años y destaca tanto su intensidad como sus límites, hasta la reciente crisis económica (véase la entrevista con Raed Safadi al final de este capítulo). Analizaremos su impacto en capítulos posteriores.

El mundo (casi) plano de los bienes y los capitales

En la década de 1990, el término *globalización* significaba, primero que nada, bienes y capitales. El comercio internacional estaba en ebullición debido al surgimiento de nuevos mercados, pero también (increíblemente) al aumento en el comercio intrafirma. El mundo financiero, además, estaba más globalizado e integrado que nunca.

Las mercancías: ¿un supermercado mundial?

Ropa y componentes de China, automóviles de India, celulares y muebles de Escandinavia, cafeterías Starbucks en París, supermercados WalMart en todo el mundo, Carrefour en China, Fnac en Río... Así es como la globalización se refleja en nuestra vida diaria. Estas marcas y productos familiares ejemplifican una tendencia subyacente que ha proliferado en los últimos 20 años, a pesar del revés brutal de la crisis financiera de 2007-2008.

La tendencia en el volumen global de intercambios comerciales de mercancías habla por sí misma. De acuerdo con la OMC, dicho volumen creció 3% entre 2000 y 2006, luego 6.5% tan sólo en 2007. Si bien la crisis mundial ocasionó un desplome brutal de 12% en 2009, el volumen remontó rápidamente a 14% en 2010. La riqueza generada por el comercio internacional representa una proporción siempre en aumento de la riqueza global total. En 2005, el comercio internacional representaba 50% del PIB global, en comparación con 38% en 1985. A partir de 2002, aumentó mucho más rápidamente que el PIB global. En 2010, las exportaciones mundiales mercancías se cuadruplicaron en comparación con el PIB, un reflejo claro de la interdependencia comercial creciente de las economías del mundo.

Algunas economías emergentes se abrieron al comercio con particular rapidez. Entre 1985 y 2005, la participación del comercio exterior en la economía de China pasó de 24% a 69%. Este país, la tercera potencia comercial más importante en el mundo desde 2008, se ha convertido en un socio comercial de peso para los países de la OCDE. No obstante, el comercio de mercancías es mucho mayor —en términos de volumen y de valor— dentro de la zona de la OCDE que entre la zona de la OCDE y el resto del mundo. Esto se debe en parte a los aranceles aduaneros que, aunque son mucho más bajos entre los países desarrollados, siguen siendo elevados entre las naciones desarrolladas y aquéllas en desarrollo.

CRECIMIENTO EXPONENCIAL DEL COMERCIO HASTA LA CRISIS...

Comercio de bienes en la totalidad de la OCDE, en miles de millones de USD, desestacionalizado

Durante la última década, el comercio internacional en los países de la OCDE ha aumentado considerablemente. La crisis económica mundial de 2008 ocasionó una caída súbita del comercio, que se recuperó con suma rapidez a partir de 2009. En el cuarto trimestre de 2009, las exportaciones de los países de la OCDE aumentaron 8%, y las importaciones, casi 7%.

Fuente: OCDE (2010), *OECD Factbook 2010*, OECD Publishing.
StatLink http://dx.doi.org/10.1787/888932780095

La expansión de la Unión Europea, que pasó de 15 países miembros a 27, facilitó la integración económica. La participación de los 12 países recién incorporados en las importaciones totales de la UE aumentó de 5% en 1993 a 13% en 2005. Algunas medidas políticas encaminadas a facilitar el comercio (se describen en el capítulo 3) parecen haber dado fruto.

Los bienes intermedios, el primer motor del comercio

Una consecuencia de la segmentación de la producción es que la globalización económica actualmente está dominada por el comercio y la importación de componentes. Para elaborar un producto terminado —digamos, una computadora—, las subsidiarias de una multinacional o las empresas que ésta subcontrata comercian entre ellas los componentes, por ejemplo, los microprocesadores. En la actualidad, casi 56% de los bienes manufacturados y alrededor de 73% de los servicios intercambiados en todo el mundo son bienes y servicios intermedios que se incluyen en un producto terminado o que completan un servicio más complejo. En 30 años, la proporción de componentes importados en las manufacturas industriales se triplicó al pasar de menos de 10% en 1970 a casi 30% en 2003.

Los países con bajos salarios se han apropiado de una tajada cada vez mayor del pastel. Entre 1992 y 2004, la proporción del total de importaciones de materiales intermedios en la zona de la OCDE desde países no miembros de la OCDE pasó de 15% a 32%. En la actualidad, China y los países de la ANSEA son los mayores proveedores de todo tipo de componentes (automotrices, electrónicos, plásticos, etc.) de los países de la OCDE.

"La fragmentación de la producción es una característica fundamental del proceso de globalización que se ha incrementado considerablemene en los últimos 10 o 15 años. En la actualidad, varios países han encontrado su sitio en algún eslabón de la cadena de suministros global."

Thomas Hatzichronoglou, Directorado de Ciencias, Tecnología e Industria, OCDE

Una consecuencia de la globalización de los componentes es la proliferación del comercio intrafirma: la importación, por parte de las compañías matrices y sus subsidiarias en el extranjero, de los bienes semiterminados provenientes de subsidiarias del mismo grupo. Entre 2000 y 2007, las exportaciones intrafirma representaron entre 15% y 50% de las exportaciones de subsidiarias en el extranjero de compañías en varios países de la OCDE, conforme a los indicadores de globalización económica más recientes de la Organización.

Una globalización incompleta de los bienes

A pesar del movimiento exponencial de los bienes por todo el planeta, éstos distan de haberse "globalizado a la perfección". En primer lugar, aún prevalecen varios obstáculos al comercio internacional. Gracias a la OMC, los aranceles han disminuido (a un promedio global de 5% en 2008), pero algunos sectores continúan muy protegidos. Los productos agrícolas en particular han sido el tema central de las nuevas negociaciones de la Ronda de Doha que iniciaron en 2001 bajo los auspicios de la OMC. A principios de 2010, las negociaciones se encontraban empantanadas entre Estados Unidos y Europa, por un lado, y algunas economías emergentes como India y Brasil, por el otro. Las divergencias continúan, sobre todo en lo referente a reducir los subsidios otorgados a los agricultores europeos y estadounidenses. Asimismo, también prevalecen varios obstáculos no arancelarios, a saber, las cuotas y los subsidios.

En la vida real

Jan Blomme, director de Estrategia de la Autoridad Portuaria de Amberes (el segundo puerto más importante de Europa)

Jan Blomme ha trabajado para la Autoridad Portuaria de Amberes durante más de 20 años. "Hemos tenido que ampliar el costado occidental y crear nuevos muelles para absorber el tráfico de barcos con contenedores", explica el director de estrategia, que acababa de regresar de India apenas un día antes. "Los puertos son los termómetros de la globalización."

Un aumento desmedido del tráfico en los últimos 10 años: "Nuestra ampliación en las décadas de 1950 y 1960 se debió principalmente al crecimiento de la industria pesada, así como a las importaciones de energéticos y materias primas. Después, la desindustrialización impactó a Europa, lo cual redujo sus importaciones de carbón. Los fabricantes de automóviles, por ejemplo, diversificaron sus fuentes de suministros y dejaron de depender tanto del acero."

Aun así, al puerto de Amberes nunca le había ido tan bien. El tráfico literalmente se ha desbordado en los últimos 15 años. En 1990, 102 millones de toneladas de mercancía transitaron por el puerto. En 2007, la cifra aumentó a 187 millones de toneladas: "¡Un salto del 80%!", exclama Blomme. Todo esto gracias a la globalización. "Vimos las primeras señales de este proceso de globalización acelerado en 1988-1990, por el impacto de la apertura de China al comercio internacional. Pero el punto de inflexión fue 1994, cuando nos quedamos muy cortos en nuestros pronósticos de actividad."

"Los contenedores han reducido a un tercio los costos del transporte." Para Blomme, la globalización va unida a la revolución que trajeron consigo los buques portacontenedores. En 1993, los contenedores representaban sólo una cuarta parte del tráfico de bienes por el puerto de Amberes. En la actualidad, la mitad de los bienes entra o sale en contenedores. "Antes, los estibadores cargaban y descargaban sacos o cajas. Los contenedores han dado rapidez al manejo de la mercancía al eliminar los cuellos de botella. La logística fluye mucho más eficientemente. Por si fuera poco, las mercancías están mejor protegidas contra robo y daño accidental, y ello conduce a muchos ahorros."

La cantidad de componentes y productos semiterminados es cada vez mayor: "El desarrollo del transporte mediante contenedores, en combinación con las nuevas computadoras y la infraestructura de las comunicaciones, permitió a las compañías manejar procesos de suministro cada vez más complejos", afirma Blomme. "Las multinacionales han podido rediseñar el proceso de producción de manera que sacan un componente específico en una zona específica, que resulta más barata o está mejor equipada que las demás. Indonesia y Tailandia, por ejemplo, se han beneficiado de estos movimientos. La personalización de los productos también ha aumentado. Las compañías ahora esperan hasta el último minuto para recibir el pedido exacto del cliente, ensamblan los componentes y enviar el producto terminado. La distancia entre el productor y el consumidor se ha reducido considerablemente."

En *The Travels of a T-Shirt in the Globalised Economy* (2005), la economista estadounidense Pietra Rivoli rastrea el recorrido de una camiseta desde el campo algodonero hasta la tienda. La autora comenta: "Sin importar los efectos positivos o negativos de los mercados competitivos, mi camiseta en realidad encontró muy pocos mercados realmente abiertos en su viaje por el mundo". Los mercados están dominados por los fabricantes e importadores que aprovechan los incentivos fiscales, y por los agricultores subsidiados, quienes a veces obligan a los países en desarrollo a bajar sus precios por debajo de los niveles de subsistencia para seguir siendo competitivos. Los bienes protegidos suelen ser aquellos que normalmente darían a los países en desarrollo una ventaja comparativa. Sin embargo, esta tendencia va a menos, tal vez porque la crisis económica de 2008 alimentó el temor a un regreso del proteccionismo, cosa que no ocurrió. Según un informe emitido en marzo de 2010 conjuntamente por la OMC, la Conferencia de las Naciones Unidas sobre Comercio y Desarrollo (UNCTAD, por sus siglas en inglés) y la OCDE, una mayoría de las economías del G20 habían rechazado el proteccionismo y lo consideraban un obstáculo para la recuperación.

Los años dorados de la globalización financiera

La economía mundial depende de la actividad corporativa y del comercio internacional, pero también de las finanzas, que han desempeñado un papel preponderante en la globalización económica principalmente en la última década. Como hemos visto, la apertura de las fronteras al capital extranjero inició en los años setenta y se intensificó a finales de los ochenta. Incluye a las finanzas en un sentido amplio: los créditos bancarios y comerciales, las acciones y los bonos (en otras palabras, los valores de portafolio), la inversión extranjera directa (IED) y, también, el cambio de divisas, las remesas y otros.

Esta evolución ha tenido un impacto considerable. En 30 años, el valor de los flujos financieros internacionales ha aumentado desproporcionadamente en comparación con el de los flujos de comercio internacionales. Por ejemplo, el valor de las operaciones bancarias internacionales (créditos al consumo, empresariales, etc.) se ha disparado de 6% del PIB global en 1972 a casi 40% a finales de los años noventa. De igual modo, las operaciones internacionales en el mercado cambiario (Forex, Foreign exchange market) han alcanzado alturas vertiginosas al pasar de USD200 000 millones al día en 1986 a casi USD300 000 millones diarios en 2007, de acuerdo con el de Pagos Internacionales (BPI). En total, los activos extranjeros y los compromisos internacionales en inversión directa y de portafolio aumentaron de 20% del PIB a 140% entre 1970 y la primera mitad de la década de 2000, un avance mucho más significativo y rápido que el del comercio internacional (que pasó de 30% a 50% del PIB global) durante el mismo periodo. Por lo anterior, en las últimas dos décadas se ha observado una fuerte tendencia hacia la integración financiera global.

Pero las finanzas globales abarcan múltiples aspectos. En este capítulo analizaremos la IED y, posteriormente, los mercados financieros. En 2008, la crisis económica detuvo estos dos componentes fundamentales de la globalización financiera con bastante brusquedad, al menos por un tiempo. Hablaremos sobre el examen de conciencia resultante en el capítulo 8.

Proliferación de las inversiones transfronterizas

La IED es particularmente reveladora de la integración económica global. Cuando una multinacional inicia operaciones en el extranjero, puede constituir una empresa nueva o adquirir la totalidad o parte de una empresa local ya existente, lo que incluye reinvertir las utilidades de su subsidiaria en el extranjero u otorgarle préstamos. El aumento de la IED suele ir aparejado del incremento en el comercio internacional de bienes y servicios. Como lo demuestran las estrategias recientes de las multinacionales, una proporción cada vez mayor de la IED se destina al desarrollo y la exportación de producción extranjera. La IED está, por tanto, en la encrucijada de la globalización de las finanzas y la globalización del comercio.

El avance de la IED global se refleja en el repunte de las operaciones de multinacionales en el extranjero, desde los años setenta pero sobre todo entre la década de 1990 y de 2000. La IED global de los países de la OCDE se ha incrementado en el último decenio, a pesar de su súbito colapso en 2000-2001 tras el estallido de la burbuja de internet y los ataques terroristas del 11 de septiembre de 2001. En 2007, los flujos totales de IED hacia y desde el exterior en la zona de la OCDE sumaron casi USD3.5 billones, una cifra histórica (véase gráfica). Aunque la crisis de 2008 causó una marcada contracción de la IED al año siguiente, las cifras recientes muestran una recuperación.

El aumento de la IED en la formación de capital es incluso más revelador de la integración económica global. A principios de este siglo, más de 10% del capital de los países de la OCDE se destinaba a la IED, un aumento respecto al promedio de 4% en las décadas previas. De 2005 a 2008, el peso relativo de las subsidiarias en el extranjero de las ventas del sector industrial aumentó en casi todos los países de la OCDE. Sin embargo, esta mayor globalización del financiamiento corporativo varía de acuerdo con el grado de desarrollo de las principales regiones del mundo.

EXTREMO DINAMISMO DE LA INVERSIÓN EXTRANJERA HASTA LA CRISIS

Flujos de entrada de IED por grado de desarrollo, en USD miles de millones

Después de una década de incremento rápido, los flujos de entrada de IED se detuvieron súbitamente tras la crisis financiera en varios países desarrollados. En 2008, la IED entrante se desplomó 35% en la zona de la OCDE. Por otro lado, los países no miembros de la OCDE —sobre todo los asiáticos— siguieron recibiendo un flujo fuerte de IED (+13% en el mismo periodo).

Fuente: OCDE (2010), *Indicators of Economic Globalisation.*

StatLink ▀▄▄ *http://dx.doi.org/10.1787/888932780114*

El dinamismo de los países en desarrollo respecto a la inversión extranjera directa

Hasta hace poco, los países desarrollados captaban la mayor parte de la IED global: de acuerdo con la UNCTAD, USD1.25 billones en IED en 2007, o 68% del volumen global de USD1.83 billones. Sin embargo, su reporte de 2011 indicó que por primera vez en 2010, las economías emergentes y en transición recibieron más de 50% de la IED global y fueron 10 de los 20 principales países receptores de este tipo de inversión.

Resulta incluso más significativo que estas naciones también inviertan en el exterior. Sus salidas de IED se han incrementado enormemente y en la actualidad representan 29% de los flujos globales de IED hacia el exterior. En 2010, seis economías en desarrollo o en transición se encontraban entre los principales 20 inversionistas globales. Lo anterior es una muestra del "cambio en la riqueza" ocurrido en los últimos años y acelerado por la crisis económica de 2008 (véase capítulo 5).

Mercados financieros cada vez más integrados

Los mercados financieros también ejemplifican la fase más reciente de globalización económica. Tomemos, por ejemplo, las acciones y los bonos. Son los instrumentos asociados más directamente a las actividades de las empresas y muy socorridos como fuente de financiamiento a partir de la década de 1970, después de que se aceptaran varias reglas para promover su uso y compraventa. La tenencia de acciones ha cobrado cada vez mayor importancia en los sistemas de financiamiento corporativo, a costas de los créditos empresariales. El capital social, ya sea como acciones en una compañía o como participación en su deuda (bonos), estimula la actividad corporativa y puede comprarse y venderse como cualquier otro producto. A la par de lo anterior, muchos países han levantado las barreras al movimiento internacional de los capitales, como ya vimos en el capítulo anterior. Esto ha permitido a los participantes económicos (familias, compañías y gobiernos) comprar y vender valores en todas las bolsas internacionales más importantes. Esta combinación de la preponderancia creciente de los mercados de valores en la actividad económica y de la desregulación del capital es la principal razón del grado de avance de la globalización de los mercados financieros en la actualidad.

Algunos hechos y números

En primer lugar, la cantidad anual de valores internacionales que cotizan en los países desarrollados ha rebasado su PIB agregado. En los años setenta, tal cifra sólo constituía una proporción mínima. Esto refleja la creciente internacionalización de los mercados de valores.

Otro ejemplo de este fenómeno es que los valores que cotizan en las principales bolsas internacionales son, cada vez más, propiedad de operadores extranjeros. De acuerdo con Cristian Noyer, gobernador del Banco Central de Francia, en 2007, los no residentes daban cuenta de 46% de la capitalización del mercado de valores del país y de poco más de 50% del mercado de bonos gubernamentales.

Por último, los índices de los principales centros financieros internacionales (Frankfurt, Londres, Nueva York, París y Tokio) han fluctuado casi en perfecta sincronía desde finales de los noventa. Antes, el comportamiento relativo de los índices podía ser muy diferente. Entre 1930 y 1950, la correlación entre Wall Street y la bolsa de París fue incluso negativa: cuando los rendimientos subían en un lado del Atlántico, bajaban en el otro. El hecho de que los índices accionarios de los principales centros financieros cambien casi al unísono en la actualidad demuestra que los operadores pueden actuar casi simultáneamente en todos los centros financieros del mundo.

Por tanto, la influencia de los mercados financieros en la actividad económica se ha incrementado en paralelo con su internacionalización. ¿Cómo explicamos tal influencia?

Causas principales

A finales de los años setenta se dieron tres tendencias preponderantes conocidas como "las tres des": desregulación, desintermediación y descompartimentalización. Ya hemos mencionado la desregulación a grandes rasgos: la remoción o el relajamiento de las barreras impuestas por el gobierno al movimiento de los capitales. La desintermediación significa que las empresas y las familias ahora pueden obtener financiamiento seguro directamente en el mercado, en vez de recurrir a los bancos. (Este fenómeno, producto más que nada del surgimiento del capitalismo accionario, debe matizarse, pues los bancos siguen siendo intermediarios vitales en varias operaciones del mercado financiero.) Por último, está el fuerte movimiento de desfragmentación, que ha contribuido a facilitar aún más la compraventa de valores porque los operadores ahora pueden recorrer los distintos tipos de mercados financieros (dinero, bonos, divisas, futuros, etc.) para encontrar instrumentos de deuda, inversión o cobertura y negociarlos a través de las fronteras.

Cabe señalar que los productos financieros se han vuelto cada vez más diversos e internacionalmente móviles con el advenimiento de los productos derivados. Estos instrumentos complejos se diseñaron para distribuir y minimizar los riesgos relacionados con los valores convencionales (acciones, bonos, etc.). Desde su creación en la década de 1990, se han vuelto cada vez más complejos y ahora constituyen todo un mercado. El valor total de los derivados negociados es mucho mayor que el de las acciones y los bonos. La diseminación de la crisis financiera de 2008 se debió en parte a este tipo de productos y a su internacionalización (véase capítulo 8).

Por último, la globalización creciente de los mercados financieros desde los años noventa no puede separarse de su grado de computarización, que permite a los operadores comprar y vender valores al instante en las bolsas más importantes. Algunos operadores realizan transacciones de último minuto con los valores operados y, a veces, las sumas en juego son exorbitantes. Asimismo, actualmente las computadoras son las que realizan algunas de las operaciones bursátiles, sin intervención humana alguna. Esto estimula aún más el movimiento de capitales por todo el orbe y refuerza la integración internacional de los mercados financieros.

Sin embargo, la globalización financiera no ha concluido

Por lo mencionado anteriormente no debería llegarse a la conclusión de que las finanzas actuales están del todo globalizadas. Primero que nada, las finanzas mundiales estaban más integradas en algunos aspectos (básicamente los monetarios) a finales del siglo XIX que en la actualidad. Antes del Acuerdo de Bretton Woods, la gran mayoría de las transacciones internacionales se pagaban —y simplificaban— siguiendo el patrón oro, incluso si, por lo demás, el movimiento internacional de los capitales era muy limitado.

En este mismo orden de ideas, la paridad cambiaria fija creada en Bretton Woods se parecía más a un sistema monetario verdaderamente global que el actual sistema monetario internacional. Hoy, los gobiernos —o las zonas monetarias, como la del euro— pueden ejercer su soberanía sobre el tipo de cambio.

Asimismo, aunque la inversión transfronteriza ha aumentado sustancialmente, los participantes del mercado todavía prefieren la inversión local a la internacional: tanto la inversión de capital en las empresas como las operaciones de mercado son más bien nacionales que internacionales. La proximidad cultural, entonces, sigue siendo un factor de peso para las decisiones financieras.

Finalmente, no olvidemos que algunos gobiernos (como el de India, Pakistán y, en cierto grado, China) siguen restringiendo en gran medida los flujos financieros, incluso si la libre circulación de capitales se convirtió en lugar común durante los años setenta.

Servicios y trabajadores. ¿Un caso de "semiglobalización"?

En la actualidad, el mercado de servicios y el laboral siguen siendo esencialmente locales, debido más que nada a la importancia de los factores culturales en los dos ámbitos. En muchas esferas de actividad, "la globalización apenas comienza", señaló el ex Secretario General de la OCDE, David Johnston, en la revista *OECD Observer*, en 2005. Pero los servicios y la mano de obra abarcan una amplia gama de actividades disímiles, algunas de las cuales se encuentran altamente globalizadas.

Internacionalización intensa de un pequeño número de servicios

Los bienes y los servicios representan, respectivamente, 80% y 20% del comercio internacional total, una proporción que ha permanecido sin cambios en los últimos 30 años. En la zona de la OCDE, el comercio internacional de servicios representó, en promedio, menos de 6% del PIB total entre 2005 y 2008; el de mercancías, 22% del PIB. No obstante, los servicios constituyen el sector más grande de las naciones desarrolladas al representar 70% del valor agregado total de las economías de la OCDE, una proporción que va en aumento.

Varios factores explican por qué los servicios se encuentran menos globalizados. Debido a su naturaleza intangible, la exportación de los servicios no es tan fácil como la de mercancías. Es, en principio, más sencillo exportar una computadora que un servicio posventa. Muchos servicios (por ejemplo, a la industria hotelera, los personales y los de limpieza industrial) requieren proximidad física y que proveedor y consumidor compartan el mismo idioma y cultura, lo cual carece de importancia cuando se vende un producto.

Además, algunos servicios están "protegidos" porque se les considera estratégicos para el interés general. La educación, la salud, los energéticos y el transporte público están más o menos protegidos de la competencia internacional, dependiendo de cada país. No obstante, algunos sectores públicos (como las telecomunicaciones, el transporte, los energéticos y otros) han estado abiertos a la competencia, sobre todo dentro de la Unión Europea, desde principios de los años noventa.

Pero a partir de entonces, los servicios se han ido globalizando en términos generales. Gracias a las tecnologías de la información y la comunicación, los nuevos servicios "intermedios" —empresariales, de cómputo, de procesamiento de datos y programación, de investigación científica y de ingeniería— ahora pueden contratarse externamente. A su internacionalización reciente también ha contribuido el surgimiento de mano de obra calificada en los países de bajos salarios.

India, por ejemplo, ha captado gran parte del mercado de este tipo de servicios. Las compañías indias han acumulado tal masa crítica —una sola de ellas puede emplear a 60 000 técnicos en computación de todos los niveles— que son capaces de manejar las peticiones más variadas de las naciones industrializadas. Países como Filipinas, Vietnam y China también resultan muy atractivos. Así, una cadena de hospitales en Nueva York ahora subcontrata el procesamiento de las reclamaciones de pacientes en Xian, región central de China, donde los costos de arrendamiento y operación son 40% más bajos que en Beijing. Este clúster de desarrollo de la alta tecnología ahora exporta todo tipo de actividades de servicios y simboliza la globalización de un servicio particularmente estratégico: la investigación y el desarrollo (I+D).

"Aunque la internacionalización de la investigación y el desarrollo (I+D) no es del todo nueva, tres características distinguen a la fase actual: está acelerándose, se está extendiendo a más países — incluidas las naciones en desarrollo— e implica más que adaptar la tecnología a las condiciones locales. En los años ochenta, la inversión en I+D ocurría principalmente entre países desarrollados mediante fusiones y adquisiciones; sin embargo, en los noventa, los países en desarrollo poco a poco se convirtieron en lugares atractivos para invertir en I+D."

OCDE (2008), *Internationalisation of Business R&D: Evidence, Impacts and Implications*

Desde 1996, las inversiones en I+D han aumentado más rápidamente en China gracias a las multinacionales extranjeras. La zona de innovación de Xian, que a la larga debería abarcar 90 km2, incluye un parque tecnológico que alberga a miles de compañías. El programa espacial de China se gestó ahí. Varias multinacionales importantes que dependen en grado superlativo de la I+D, incluida la japonsa NEC y la alemana Siemens, ahora desarrollan algunos de sus productos en Xian. Por su parte, la compañía estadounidense especializada en electrónica y telecomunicaciones Motorola, así como el gigante de la gestión de bases de datos Oracle han abierto centros de I+D en Beijing, mientras que el grupo francoamericano Alcatel-Lucent cuenta con un importante centro de investigación en Shangái.

Los grandes grupos ahora también están invirtiendo en India, donde cuentan con uno o más centros estratégicos de investigación y desarrollo. Desde principios de este siglo, el conglomerado industrial estadounidense General Electric (GE) ha tenido su mayor centro de I+D (en términos de investigadores y resultados) en Bangalore, sur de India. A las multinacionales les motiva la cercanía a un suministro amplio de personal calificado, con el cual pueden contar para manejar la demanda creciente.

Flujos de mano de obra altamente controlados

De todas las esferas impactadas por la globalización, la mano de obra es la menos afectada. En la actualidad, los migrantes representan sólo 3% de la población mundial. Hay varias razones para ello —por ejemplo, las muchas incertidumbres que genera irse a otro país—, casi todas ellas relacionadas con las diferencias lingüísticas y culturales. Muchos países también controlan la inmigración de manera muy estricta, dependiendo de la situación de su economía, sus necesidades de mano de obra y, a veces, su crisis de identidad.

A pesar de los obstáculos psicológicos, culturales y políticos, la globalización de la mano de obra va en aumento y los flujos migratorios se han elevado en los últimos 20 años. Contrariamente a la opinión popular y, a veces, la cobertura exagerada de los medios, los flujos de migrantes no sólo se dan de los países pobres a los ricos. En la actualidad, la migración se distribuye de acuerdo con las principales zonas de desarrollo: una tercera parte de los migrantes van del Sur al Norte; otra parte igual del Sur al Sur; y, la última parte, del Norte al Norte (las migraciones Norte-Sur son muy reducidas). También es cierto que la migración desde los países en desarrollo hacia los desarrollados se ha incrementado desde la década de 1960 y que dicha dinámica se ha acelerado desde mediados de los noventa. Por tanto, en la mayoría de los países de la OCDE, el porcentaje de trabajadores extranjeros como parte de la población económicamente activa ha aumentado. De acuerdo con el Banco Mundial, los inmigrantes representan más de 10% de la población de los países con ingreso alto.

La crisis económica de 2008 parece haber reducido la migración en cierto grado. Los trabajadores de los países en desarrollo están más renuentes a emigrar a los países de Occidente en los momentos álgidos de una crisis declarada, sobre todo en los sectores otrora deseosos de recibir trabajadores extranjeros, como la industria de la construcción en España y en Irlanda. Sin embargo, todo indica que la migración de los países en desarrollo a los desarrollados seguirá aumentando en los próximos años. Esta tendencia también es aplicable a los trabajadores altamente preparados.

La globalización de la capacidad intelectual

Muchos trabajadores altamente calificados son más móviles que otros y suelen trabajar en el extranjero o para compañías extranjeras. Aunque desde hace mucho una minoría ha migrado de un país desarrollado a otro, los flujos Sur-Norte son más recientes. En los países en desarrollo, sobre todo los emergentes, el número de trabajadores altamente preparados está aumentando. Muchos de ellos prefieren mudarse a los países desarrollados, que ofrecen salarios más altos y perspectivas profesionales más atractivas. Esto aviva el debate sobre la "fuga de cerebros", pues los países prósperos atraen a las personas que seguramente encaminarían a su país de origen hacia el desarrollo.

Por otro lado, las empresas en los países en desarrollo también se dirigen hacia las economías emergentes que disponen de trabajadores altamente calificados. Como hemos visto, las multinacionales de Occidene han abierto divisiones de investigación y desarrollo en China e India. El surgimiento de la economía del conocimiento, donde el saber y la innovación son la fuente más importante de valor agregado, implica que los trabajadores muy preparados tienen mucha demanda y que los empleadores ahora peinan las universidades en busca de alumnos con potencial.

Inclusive, las compañías ahora están envueltas en una competencia global para atraer a los aspirantes a doctorado que se convertirán en los mejores investigadores en sus disciplinas respectivas. Los gobiernos que ganen la guerra por los cerebros gozarán de una gran ventaja competitiva en la economía del conocimiento. Algunas instituciones de educación superior ahora descentralizan sus operaciones. En 2004, la Universidad de Nottigham en Gran Bretaña abrió dos nuevos campus: uno en China y otro en Malasia. Están siguiendo sus pasos un número cada vez mayor de universidades, lo que permite el intercambio de profesores, investigadores y futuros graduados. En 2007, 2.5 millones de estudiantes se inscribieron en una universidad fuera de su país de nacimiento. La cifra representa un incremento de 59.3% desde 2000 (un promedio anual de 6.9%) y constituye un fenómeno mucho más rápido que el aumento en el número total de estudiantes inscritos. La educación superior se está globalizando rápidamente.

A manera de conclusión...

La globalización de bienes y capitales ha registrado un crecimiento sin precedentes desde principios de los noventa, pero el mundo aún no es "plano". La metáfora de la aldea global es una exageración, incluso tratándose del movimieno de mercancías. Los obstáculos al comercio prevalecen y, en algunos sectores, la globalización está en pañales. La crisis económica de 2008 parece haber perdido intensidad temporalmente (véase la conversación abajo) y, con ello, salieron a la luz algunos desequilibrios. Tras haber analizado el grado de globalización en sus distintas modalidades, podemos empezar a evaluar sus efectos.

La globalización no es necesariamente deseable por sí misma. Sus efectos pueden ser ambivalentes y a veces difíciles de calcular. Aunque algunos son obvios, sus repercusiones indirectas pueden tener mayor relevancia. En el capítulo siguiente estudiaremos los aspectos más controvertidos de la globalización.

Una conversación

Raed Safadi, subdirector del Directorado de Comercio y Agricultura de la OCDE

"Debemos dar el mejor uso posible a nuestras ventajas comparativas."

Después de la crisis financiera y económica de 2008, el comercio internacional se detuvo abruptamente. ¿Condujo esta crisis a una "desglobalización", como algunos han señalado?

De ninguna manera. Aunque el volumen del comercio internacional sí se desplomó a 12.5% en 2009, ello se debió a factores como una demanda más baja, la composición del comercio internacional basada en diferentes tipos de productos y la falta de oportunidades de financiamiento al comercio tras la crisis financiera de 2008. Por las dificultades que encaraban, los bancos volvieron más estrictas sus condiciones para el otorgamiento de créditos. Esto afectó a todos los sectores de la economía y, en particular, a las exportaciones, por varios motivos. Por un lado, los bancos consideran que las transacciones internacionales son, por su propia naturaleza, más riesgosas que las locales. En épocas de crisis, los bancos son más adversos al riesgo inherente al financiamiento del comercio internacional. Asimismo, la crisis financiera y económica se tradujo en una caída generalizada de la demanda, que incluyó a los productos comerciados internacionalmente. Uno podría hablar de "desglobalización" si los países hubieran reaccionado a la crisis aplicando medidas proteccionistas, pero ése no fue el caso. La OCDE, que constantemente ha pedido a los gobiernos que resistan las tendencias proteccionistas, ejerció una influencia positiva en este sentido. De hecho, el comercio internacional ha repuntado vigorosamente, incluso desde 2009. En el cuarto trimestre de 2009, las exportaciones e importaciones de la zona de la OCDE aumentaron 8% y 7%, respectivamente.

No obstante, la globalización contribuyó sin duda a que la crisis se extendiera. ¿No demuestra esto que la integración económica global también puede ser peligrosa?

Las relaciones económicas internacionales son como las relaciones entre las personas: estrecharlas puede ser beneficioso, pero vivir juntos requiere esfuerzo. Demanda hacer compromisos y tomar riesgos. Cuando alguno de los cónyuges enferma, el otro corre un riesgo más alto de enfermarse, lo cual no significa que la unión no sea deseable. Uno puede sertirse tentado a poner fin a la relación y ser autosuficiente, pero eso significaría perder todos los beneficios de la relación.

¿Hay ejemplos de países que hayan logrado avances perdurables sin abrirse al comercio internacional?

No. Los países que han permanecido aislados del resto del mundo pensando que podrían crecer y desarrollarse basados en su propia economía han fracasado. Basta ver a Rusia o a Corea del Norte en la actualidad, que carecen de industrias competitivas. Las últimas dos décadas han demostrado que los países, sobre todo los países en desarrollo, que se abren al comercio y a la integración económica experimentan un mayor crecimiento y desarrollo. En los años setenta, aproximadamente dos terceras partes de los países del sudeste asiático eran pobres. Hoy, gracias a su integración a los mercados mundiales, la mayoría está experimentando un crecimiento espectacular. De igual modo, China debe su éxito económico al hecho de que se abrió a la economía global a finales de los años setenta.

Dicho esto, los países beneficiados que usted señala entraron muy gradualmente a la globalización y conservaron algunas regulaciones.

No estamos diciendo que los países deberían lanzarse a los mercados globalizados sin ninguna protección.

Una conversación *(cont.)*

Algunas precauciones pudieran ser necesarias para garantizar una transición segura a una economía abierta. Las reglas de la OMC precisamente buscan corregir ciertos desequilibrios mediante regímenes preferenciales y ciertas concesiones basadas en las fortalezas y debilidades de cada país. Ahora más que nunca es necesario el consenso en los marcos multilaterales (y otros) de la OMC, el FMI y la OCDE.

El verdadero problema radica en las restricciones y las regulaciones unilaterales, que distorsionan enormemente el comercio internacional y crean graves desequilibrios financieros. Todos debemos concentrarnos en mantener un equilibrio.

¿No puede ser legítimo cierto grado de proteccionismo en algunos casos?

En la actualidad, un país que adopta una actitud proteccionista se está pegando un tiro en el pie. Cualquier país que limite las importaciones de ciertos productos de inmediato sería objeto de las reacciones proteccionistas de los países que importan sus propios productos. Dado que, en gran medida, el comercio internacional actualmente se compone de productos semiterminados, cualquier país que aplique medidas proteccionistas actuaría en contra de los intereses de sus propias compañías, ya que tal acción elevaría el costo de obtener bienes semiterminados del resto del mundo.

La globalización da a las compañías, los consumidores y los trabajadores la posibilidad de elegir a sus proveedores, productos, empleadores, etc. Los gobiernos no deberían coartar esa libertad de elección salvo cuando sea absolutamente necesario, por ejemplo, para proteger la seguridad o la salud pública.

Pero la globalización no siempre beneficia a todos. Algunos agricultores africanos, por ejemplo, son objeto de sanciones y a veces amenazas por abrir sus fronteras nacionales a la competencia internacional.

Es claro que algunos ajustes pueden ser dolorosos. Depende de los gobiernos, las organizaciones no gubernamentales y los organismos internacionales asegurarse de que la transición sea lo más tersa posible. Pero a la larga, la apertura siempre es preferible. No es recomendable aspirar a la autosuficiencia alimentaria, cuando el clima, el suelo y la topografía de un país dificultan la agricultura. De igual modo, un país cuyo sector agrícola no es muy rentable debe tratar de orientar a sus productores hacia otros sectores. Es mejor para un país abrir sus fronteras a los productos agrícolas de otros países y dar el mejor uso posible a sus propias ventajas comparativas.

Permítame agregar que no todos los agricultores africanos han padecido con la globalización, como lo demuestran los floricultores kenianos, quienes llevan varios años exportando flores con éxito a todo el mundo.

El comercio internacional fue uno de los primeros sectores en empezar a recuperarse a partir de mediados de 2009. En su opinión, ¿seguirá fortaleciéndose?

Eso dependerá de qué tan decididos estén los gobiernos a promover el comercio internacional eficazmente. Creo que el comercio se habrá estabilizado para cuando finalmente se alcance un acuerdo para Doha. Sólo entonces podremos ver un verdadero florecimiento del comercio internacional. Si los países aprovechan esta oportunidad y toman medidas para ayudar a sus poblaciones vulnerables a adaptarse, sin duda el crecimiento, el progreso y el bienestar se verán beneficiados.

Para saber más

DE LA OCDE...

En Internet

Estadísticas sobre comercio internacional: En *www.oecd.org/std/echanges* encontramos mediciones de la intensidad del comercio internacional y acceso a varias bases de datos sobre el comercio de bienes (por producto y país socio) y servicios (por tipo de servicio y país socio) y a la balanza de pagos de muchos países. También incluye múltiples análisis de los datos de comercio internacional y recomendaciones metodológicas.

Publicaciones

International Trade: Free, Fair and Open? (2009): Este manual de Esenciales OCDE sostiene que la prosperidad pocas veces —si acaso alguna— se ha alcanzado o mantenido sin la ayuda del comercio. No obstante, el comercio por sí solo no es condición suficiente para la prosperidad. Las políticas sobre empleo, educación, salud y otros sectores son necesarias para mejorar el bienestar y superar los retos de una economía globalizada.

Measuring Globalisation: OECD Economic Globalisation Indicators 2010 (disponible sólo en inglés): Esta segunda edición presenta varios indicadores: movimiento de capitales, IED, comercio internacional, actividad económica de las multinacionales y globalización tecnológica. Incluye también otros indicadores de la crisis financiera, inversiones en productos financieros, el medio ambiente y el surgimiento de las cadenas de valor globales.

Y OTRAS REFERENCIAS...

En Internet

Base de datos estadística de la OMC: La base de datos interactiva en *www.stat.wto.org* permite a los usuarios determinar el perfil de muchos países individuales y de grupos de países en distintos rubros: estructura y mediciones de comercio, aranceles y políticas arancelarias, y principales "servicios de infraestructura" (transporte, telecomunicaciones, finanzas y seguros).

Publicaciones

Redefining Global Strategy: Crossing Borders in a World Where Differences Still Matter: Pankaj Ghemawat, profesor en la Business School de Esade en Barcelona, desarrolla en este libro una visión original de la globalización. Insiste en el aspecto inconcluso del proceso y él lo denomina "semiglobalización". Para Ghemawat, las diferencias culturales, regulatorias y administrativas aún contribuyen a mantener fronteras nacionales muy definidas.

Global Monitoring with the BIS international banking statistics (2008): Con sede en Basilea, el Banco de Pagos Internacionales (BPI) recopila y analiza una gran cantidad de datos estadísticos sobre los flujos financieros globales. Estos recursos crean un mapa particularmente claro sobre las finanzas globales.

Reaping the Benefits of Financial Globalization: Este documento, publicado por el FMI antes de la crisis financiera de 2008, esboza un cuadro amplio y bastante completo de la globalización financiera.

5

La globalización propició primero el desarrollo de los países industrializados, y luego, en los últimos 20 años, el de las naciones emergentes. Aunque algunos países en desarrollo están prosperando también, otros han
quedado al margen o se han debilitado después de abrirse a los mercados internacionales. La pobreza extrema global ha disminuido, pero aún
es inveterada en ciertas regiones. En muchos países, las desigualdades
ahora son más profundas. La globalización sólo puede favorecer el desarrollo si ocurre una combinación de ciertas condiciones políticas.

¿La globalización promueve el desarrollo?

A manera de introducción...

Hace 12 años, la manicurista profesional Edmila Silva y su socia, Neno, dejaron la provincia rural donde nacieron en el noreste de Brasil para radicar en las afueras de São Paulo. Gracias a dos decenios de estabilidad económica nacional y crecimiento constante, la región ha experimentado una reducción espectacular en el desempleo durante los últimos 10 años. Este éxito se debe en parte a la integración de la economía brasileña a los mercados internacionales: en 20 años, la proporción del comercio internacional en el crecimiento de Brasil se ha duplicado. Ello ha conducido a la creación de toda una gama de nuevos empleos y al aumento del poder adquisitivo de muchas familias. "Tenemos muchísimas más oportunidades que antes", dice la joven manicurista, que hoy maneja un auto compacto, posee un celular y cuenta con seguro de atención médica. Hace dos años, abrió una cuenta de banco y obtuvo un crédito al consumo. Está pensando regresar a la escuela para convertirse en enfermera o podóloga. "Ahora soy muy independiente", afirma. "Tengo más confianza en mí misma. El futuro nos sonríe."

Al mismo tiempo, en Sikasso, a 250 km de Bamako, capital de Mali, el agricultor Yacouba Traoré se queja de la compañía para el desarrollo textil malí, intermediario obligatorio entre los productores de algodón locales y los mercados internacionales. "El año pasado me pagaron XAF210 por kilo de algodón", dijo este padre de seis hijos. "Este año, sólo XAF150." A pesar de su alta calidad, el algodón malí no puede competir con los productores del norte, quienes venden grandes cantidades y disfrutan de un alto nivel de vida gracias a los subsidios. Para empeorar las cosas, el precio de los alimentos se disparó este año: el arroz importado, mucho más barato que el local, pasó de XAF250 a XAF350 en unos cuantos meses. "¡Gano cada vez menos y el costo de vida es cada vez más alto! De no ocurrir un milagro, estoy seguro de que mis dos hijos menores no podrán ir a la escuela el próximo año."

Estos son los dos rostros de la globalización. Por un lado, una apertura al comercio que produce progreso y desarrollo. Por el otro, poblaciones debilitadas que quedan atrapadas en una espiral de pobreza. Hay dos maneras de comprender el impacto de la globalización en el desarrollo: *i)* estudiar la situación general de los países y *ii)* estudiar el desarrollo de sus poblaciones. Ciertamente, el desarrollo de un país tiene que ver con el desarrollo de su población, pero esta relación no se da automáticamente. Gracias a la globalización, los países en desarrollo sí están alcanzando a los países ricos, pero la brecha entre el extremo más rico y el extremo más pobre de la población mundial parece haberse ensanchado.

La globalización ha favorecido el desarrollo de los países emergentes

En los últimos 20 años, India, China y Brasil han vivido verdaderas historias de éxito económico y pasado con mucha rapidez del estatus de país en desarrollo al de país emergente. Aunque sus principales productos aún son los típicos de los países en desarrollo, su éxito se debe en gran parte a que cada vez están más integrados a los mercados internacionales.

El surgimiento económico de Asia se remonta a la década de 1960 y al rápido ascenso de los "tigres" asiáticos. A partir de entonces, Hong Kong (China), Corea, Taiwán y Singapur se posicionaron como líderes de los bienes de consumo: juguetes, textiles, aparatos electrónicos de venta masiva, etcétera. Estos cuatro pequeños territorios sacaron el máximo provecho de su mano de obra barata y abrieron sus fronteras para atraer a inversionistas europeos, estadounidenses y japoneses. Esta integración a los mercados mundiales les permitió experimentar un auge. Las grandes economías emergentes siguieron sus pasos. La apertura política de finales de los ochenta permitió a los inversionistas de los países industrializados tener acceso casi ilimitado a los consumidores y la mano de obra.

Los BRIC (Brasil, Rusia, India y China) se han convertido en la tierra prometida de muchos inversionistas extranjeros y empresas industriales que primero fueron atraídos por la disponibilidad de materias primas y luego por el bajo costo de la mano de obra. Como vimos en el capítulo anterior, las actividades de producción y distribución se han repartido entre las compañías matrices en los países desarrollados y entre sus subsidiarias en los países emergentes, sobre todo India y China. La fragmentación de la cadena de valor y su redistribución en varios países para aprovechar sus ventajas comparativas creó economías emergentes y desarrolladas verdaderamente entrelazadas. El centro de gravedad de la producción mundial dejó de ser el mismo. De 1980 a 2000, la proporción de China en el valor agregado industrial total que se produce en el mundo pasó de 1.5% a más de 7%. Esta tendencia se ha acelerado en los últimos años. De 2000 a 2008, la participación de China fue un poco más del doble y llegó a ser de 15%. En 2011, China se convirtió en "la fábrica del mundo", apelativo que hasta entonces se había atribuido a Estados Unidos.

A partir de entonces, los gigantes de Asia tuvieron un papel cada vez mayor en el comercio internacional. De 1995 a 2005, la proporción de productos chinos en las importaciones totales de la zona de la OCDE pasó de 4% a 10%. Las relaciones comerciales también han mejorado con los países en desarrollo: en 2009, China se convirtió en el principal socio comercial de Brasil, India y Sudáfrica.

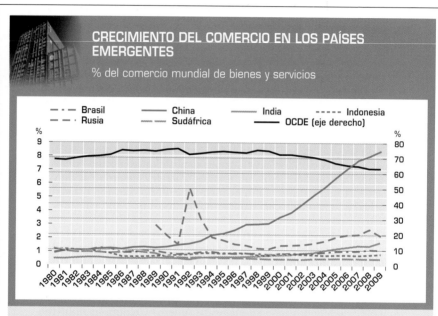

CRECIMIENTO DEL COMERCIO EN LOS PAÍSES EMERGENTES

% del comercio mundial de bienes y servicios

Los países de la OCDE (eje derecho) aún realizan la mayor parte del comercio mundial, pero la proporción de países emergentes (BRIIC, eje izquierdo); ha aumentado con mucha rapidez, sobre todo en el caso de China.

Fuente: "Globalisation and Emerging Economies", *Policy Brief,* marzo de 2009, OCDE, París, actualizado con los indicadores de desarrollo global más recientes disponibles.

StatLink 📈 *http://dx.doi.org/10.1787/888932780133*

Esta integración sumamente rápida e intensa de los países emergentes a los mercados globales tuvo un efecto positivo en su tasa de crecimiento económico, que fue mucho más elevada que el promedio de los países de la OCDE. China dio a conocer tasas de crecimiento de más de 10%. Vietnam, que registró una tasa sin precedentes del 8.7% en 2007, ahora promedia 6%. India, Rusia y varios otros países asiáticos y algunos de Europa central también registraron tasas de crecimiento por encima de 6%, con lo cual se han enriquecido y acumulado cuantiosas reservas financieras.

Otra señal visible de desarrollo es que, además de seguir recibiendo la inversión de Occidente, los propios países emergentes también se han vuelto inversionistas internacionales. Los empresarios locales han empezado negocios en India, China y Brasil. Las compañías nacionales han prosperado y algunas han recurrido a las exportaciones, llegando a convertirse en grandes competidores mundiales. Las multinacionales empezaron a crearse también en los mercados emergentes a partir de finales de los años noventa y su número va en aumento cada año, de acuerdo con la clasificación de la revista *Fortune* de las 500 compañías más importantes del mundo. En 2010, 46 compañías chinas (incluidas las de Hong Kong) aparecieron en esta clasificación, nueve más que en 2009. De India ocho —dos más que en 2005—, y de Rusia y Brasil, seis y siete, respectivamente.

En 2006, China se convirtió en el mayor exportador de bienes de alta tecnología, aunque la mayoría de sus exportaciones siguen siendo manufacturas de baja tecnología e importa muchos productos de alto valor agregado. La balanza comercial de los bienes manufacturados de China es exactamente el inverso de la de los países desarrollados. A pesar de su éxito, las otras economías emergentes siguen posicionadas en las industrias de valor bajo o primarias, esencialmente minería y energía.

Dicho esto, los países emergentes recientemente han empezado a desarrollar sectores otrora monopolizados por los países desarrollados. Las compañías de Europa y de América del Norte que se reubican en Asia lo hacen, con frecuencia creciente, para tener acceso a servicios, tecnologías avanzadas e investigación y desarrollo.

omento, las grandes compañías mineras y energéticas (como CVRD en Brasil y Sinopec en China) tienen poca presencia fuera de su mercado nacional. Pero tal situación también está cambiando. Las compañías de los países emergentes han empezado a diversificar sus inversiones. En la actualidad, la compañía petrolera china, CNOOC, está realizando trabajos de prospección en África. En 2008, la red de distribución internacional del grupo ruso Lukoil estaba conformada por más de 6 000 estaciones de servicio en 24 países de Europa, en Rusia y en Estados Unidos.

La globalización promueve la "convergencia" de nuevos países

Aunque el crecimiento de los dos gigantes asiáticos —así como de Brasil, en fecha más reciente— ha sido particularmente evidente en los últimos 20 años, otros países en desarrollo también han registrado un crecimiento espectacular. De acuerdo con el FMI, la tasa de crecimiento de Perú, Nigeria y Tailandia en 2010 fue, respectivamente, de 8.8%, 8.4% y 7.8%. *Perspectivas sobre el Desarrollo Mundial* que publicara la OCDE en 2010 señala algunos países "convergentes": naciones pobres o en lucha por abrirse camino cuyo crecimiento per cápita duplicó al de los países de la OCDE (es decir, 3.75% más en la década de 1990 y 3% más en la primera década de este siglo). Su número se multiplicó por un factor mayor a cinco (pasaron de 12 a 65) entre 2000 y 2010, mientras que la cantidad de países pobres se redujo a la mitad, de 55 a 25 (véase mapas).

Diferenciar el papel de la globalización del de los factores nacionales en esta nueva dinámica de crecimiento no siempre resulta fácil. Pero el impacto de la globalización en la convergencia reciente de varios países es aparente al menos de dos maneras: en primer lugar, estos países llevan varios años compitiendo con los países emergentes por la obtención de relaciones económicas seguras con los países desarrollados; en segundo, reciben el impulso de sus relaciones comerciales, cada vez más intensas, con los países emergentes.

Nuevos países atractivos para los países del "Norte"

Algunos países —en particular Bangladesh, Egipto, Indonesia, Irán, Nigeria, Vietnam, Pakistán y Filipinas— están experimentando una dinámica comparable a la de los BRIC y de ellos podría derivarse el crecimiento mundial en el futuro. Tienen en común una demografía dinámica y bajos salarios. Han experimentado un crecimiento vigoroso en los últimos años, gracias en parte a que recientemente les resultan atractivos a las compañías del Norte. De hecho, los países emergentes se han desarrollado en paralelo al aumento del costo de la mano de obra en varias regiones del mundo. En China, India o Europa oriental los costos de producción se están elevando.

Como muestra el caso práctico a continuación, estos países deben competir contra economías más baratas y estables, que están listas para seguir su ejemplo y subirse al tren del desarrollo.

Los beneficios del comercio "Sur-Sur"

Los países "convergentes" probablemente deben parte de su crecimiento a que están resultando atractivos para los países del Norte. Sin embargo, los países en desarrollo también están creciendo gracias a sus relaciones comerciales (nada despreciables, ni por las exportaciones ni por las inversiones) con otros países en desarrollo.

Entre 1990 y 2008, las exportaciones entre los países en desarrollo se elevaron de USD500 millones a casi USD3 000 millones. En la actualidad, representan casi 20% del comercio global (en comparación con 7.8% en 1990), atribuido principalmente a China e India. China sigue siendo la fábrica del mundo, pero ahora varios países del sudeste asiático le suministran componentes y refacciones. Vietnam, que experimentó tasas de crecimiento cercanas a 8% en los últimos años, produce cada vez más bienes industriales para China.

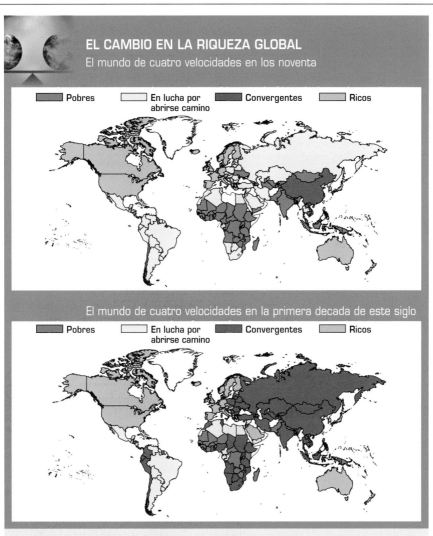

EL CAMBIO EN LA RIQUEZA GLOBAL
El mundo de cuatro velocidades en los noventa

Pobres | En lucha por abrirse camino | Convergentes | Ricos

El mundo de cuatro velocidades en la primera decada de este siglo

Pobres | En lucha por abrirse camino | Convergentes | Ricos

Este mapa se incluye con fines meramente ilustrativos y sin perjuicio del estatus o la soberanía de cualquier territorio en él representado.

Conforme se ha intensificado la globalización, muchos países han pasado de ser "pobres" o "en lucha por abrirse camino" a ser "convergentes".

Fuente: OCDE (2010), *Perspectivas sobre el Desarrollo Mundial*, OECD Publishing, París.
StatLink 🔗 *http://dx.doi.org/10.1787/888932780152*

Para fabricar maletas o juguetes, Eslovaquia y China ahora resultan demasiado caras

"En 1997 nos establecimos en Eslovaquia", explica Vladimir Osvalda, ex director de la planta en Eslovaquia del fabricante de maletas estadounidense, Samsonite, a la revista *The Economist:* "Nuestra otra unidad en Europa eliminó 100 empleos y creó 100 aquí, en Samorin, a orillas del Danubio. La fábrica eslovaca resultaba más competitiva. Así estuvimos nueve años [...]. En 2006, Samsonite cerró su fábrica de 350 empleados y transfirió su producción a China. Todo va más rápido, mucho más rápido".

El crecimiento económico elevó los salarios en Eslovaquia, lo cual restó atractivo al país en algunos sectores con poco potencial de valor agregado. Ahora, los países de Europa central están en riesgo debido a la disponibilidad de mano de obra barata en los Balcanes, los países de la antigua Unión Soviética, África y

Asia.Los salarios también han aumentado considerablemente en las zonas costeras industrializadas de China.

En la zona de Dongguan, el salario promedio subió 25% entre 2000 y 2005. Algunos sectores, como el de fabricación de juguetes, deben adaptarse.En 2005, más de 80% de los juguetes importados por la Unión Europea se fabricaban en China. Pero en sólo 12 meses, los costos de producción *in situ* pasaron de 20% a 30%. En la provincia de Guandong, donde se concentra gran parte del sector, el número de fabricantes se desplomó de 10 000 a 2 000 en el lapso de tres años.¿La causa? En parte, el aumento en el precio de las materias primas tras la subida de precios del petróleo, pero también el mayor costo de la mano de obra: los salarios aumentaron 20% en dos años.

Ciertos países africanos, como Angola, Guinea Ecuatorial, Nigeria, República del Congo y Sudán, están beneficiándose de que China necesite cada vez más energéticos, a la que le exportan más de 80% de su petróleo y materias primas. Sudáfrica, por otra parte, da cuenta de 86% de todas las exportaciones africanas a India.

Las multinacionales jóvenes de los BRIC no se quedan atrás en lo referente a inversiones internacionales y han invertido grandes cantidades en los países en desarrollo en los últimos años. En la actualidad, los principales operadores de telecomunicaciones en los países en desarrollo también provienen de países en desarrollo. También en este frente, China ocupa el lugar de honor y se posiciona cada vez más como constructor de infraestructura y edificaciones en África, el Magreb y Etiopía, entre otros. Además, está ocupando una posición de preponderancia creciente en el sector minero y comprando tierra cultivable en varios países africanos. En 2008, la armadora automotriz india, Tata Motors, lanzó el Nano, el "coche del pueblo", dirigido a los consumidores en los países en desarrollo. Sin embargo, no tuvo mucho éxito.

FLUJOS DE COMERCIO SUR-SUR

Flujos de comercio regionales Sur-Sur, 2008, USD miles de millones

El comercio entre países asiáticos, arrastrado por el desarrollo en India y China, representa aproximadamente tres cuartas partes del comercio Sur-Sur. Pero el comercio entre Asia y los países latinoamericanos también es intenso.

Fuente: OCDE (2010), *Perspectivas sobre el Desarrollo Mundial*, OECD Publishing, París.

El vínculo con frecuencia indirecto entre la globalización y el desarrollo puede ser difícil de explicar. No obstante, resulta innegable que la apertura delos países en desarrollo (sobre todo China e India) al comercio internacional ha estimulado su economía. Se estima que un crecimiento adicional de 1% en China genera alrededor de 0.2% de crecimiento en los países pobres y de 0.3% en los intermedios.

Considerando lo anterior, la integración cada vez mayor de los países en desarrollo con las economías del Norte y las del Sur no ha beneficiado a todos los países por igual.

Dinámicas muy diferentes que dependen de cada país

En los últimos 20 años, la globalización acelerada ha ocurrido en paralelo a la reducción mundial de la pobreza extrema. Desde 1990, el número de personas que sobreviven con menos de USD1 al día se ha reducido 25%, es decir,

500 millones de personas. Desde 1990 hasta la actualidad, la cantidad de personas que viven en pobreza extrema ha pasado de 31% a 19%. Estas cifras se deben en gran parte a los buenos resultados de China. En los últimos 15 años, el ingreso per cápita del gigante asiático aumentó más rápidamente que en la mayoría de los países en desarrollo. En 1981, 835 millones de chinos vivían con menos de USD1.25 al día, en comparación con "sólo" 208 millones en la actualidad. La "fábrica del mundo" trabaja a su máxima capacidad, lo que no necesariamente tiene muy contentos a sus vecinos. No sólo no está disminuyendo la pobreza en otros países y regiones del mundo, sino que a veces ocurre lo contrario.

En el sur de Asia, el número de personas que viven en la pobreza ha aumentado a pesar de la alta tasa de crecimiento registrada en muchos países de la región. La población indigente de India se ha disparado a 36 millones en esos 15 años. Como proporción de la población total, empero, la pobreza en realidad ha disminuido de 58% a 42%. Sin embago, aunque millones de indios ahora subsisten con más de USD1.25 al día, 75% de ellos aún viven con menos de USD2.00.

El África subsahariana sigue rezagada en términos de desarrollo; 50% de su población ha estado viviendo en la pobreza en los últimos 30 años. Dos tercios de las personas más pobres del mundo viven en África. No siempre ha sido así. En 1970, 11% de la población mundial más pobre vivía en África, en comparación con 76% en Asia. La proporción se ha invertido totalmente en menos de 30 años.

Algunas de las regiones del mundo se han vuelto más pobres. En términos comparativos, el país más pobre en 2011 era más pobre que el país más pobre en 1980. Y gran parte de la humanidad sigue viviendo con menos de USD1 al día.

La globalización puede contribuir a la inestabilidad

No todos los países en desarrollo se han beneficiado de la globalización. Muchos se han quedado estancados en los últimos 20 años. En 2006, el PIB en 42 países no rebasaba USD875 per cápita, entre otros, 34 países del África subsahariana (Madagascar, República de Guinea, República Democrática del Congo y otros), cuatro de América Latina (Bolivia, Guyana, Honduras y Nicaragua) y tres de Asia (Mianmar, Laos y Vietnam, aunque éste se clasifica como país intermedio desde 2010). Entre los 49 países menos avanzados, de acuerdo con la definición de Naciones Unidas, están Bangladesh, Yemen y Haití.

¿Por qué estos países no logran subirse al escenario económico internacional? Intervienen varios factores. Las condiciones geográficas y climáticas, así como los conflictos, a veces cortan de raíz cualquier posibilidad de desarrollo. El contexto político también tiene mucho qué ver. Por supuesto, las más de las veces es el aislamiento —en contraposición a la apertura al comercio— la causa del subdesarrollo, como le ocurrió a Corea del Norte por insistir en la autosuficiencia. Pero la apertura al comercio también crea cierta debilidad. Uno de los principales inconvenientes de la globalización es la inestabilidad que genera, la cual es evidente de varias maneras:

Dependencia respecto a las materias primas

Algunos países deben su presencia en el escenario económico internacional básicamente a sus materias primas: productos agrícolas, mineros y petroleros. No obstante, su precio es muy volátil y depende de la oferta y la demanda global. Los países que exportan una sola materia prima, como varios de África y Venezuela (petróleo), están a merced de una caída de precios. Lo mismo puede decirse de los minerales y los productos agrícolas, como el algodón en el caso de Mali. Estos países deben tratar de diversificar su economía y asegurarse de contar con una fuente de ingreso estable.

Exposición a las burbujas especulativas

La libre circulación de capitales a través de las fronteras sin duda ha aceitado las ruedas económicas, pero también puede ser fuente de inestabilidad. Aunque puede resultar benéfico en el corto plazo, el capital que se inyecta a la economía de un país, si es meramente especulativo, puede tener efectos de largo plazo devastadores. Los inversionistas a veces compran grandes cantidades de acciones de empresas que cotizan en la bolsa de los países en desarrollo a precios fuera de toda proporción con la riqueza real que generan dichas compañías. Las burbujas especulativas que se crean de esta manera pueden estallar con el más mínimo choque económico. Y como el capital ahora puede desplazarse con tanta facilidad, el dinero inyectado a una economía puede salir del país con igual rapidez. Ésta es en parte la causa de las crisis económicas y financieras de los años noventa, sobre todo en el sudeste asiático y Argentina.

La fragilidad de las compañías locales que enfrentan competencia internacional

Con frecuencia, los países en desarrollo que se abren al comercio internacional no cuentan con grandes empresas nacionales. Por tanto, cuando llegan las multinacionales extranjeras, se quedan con la mejor parte del mercado a expensas de las compañías locales y a veces de sectores completos de la economía. Los gigantes extranjeros, ya sean de Occidente o de Asia, logran posicionarse como cuasimonopolios, con lo que mantienen los precios altos e impiden el desarrollo de las compañías locales. Éstas quedan restringidas a los sectores economómicos meramente nacionales, con lo cual una apertura demasiado violenta al comercio y la inversión internacionales puede resultar muy arriesgada para los países que carecen de una estructura económica bien desarrollada. Estos riesgos repercuten en la cohesión social y económica de los países en desarrollo.

La globalización contribuyó a profundizar las desigualdades entre los grupos sociales

De acuerdo con un estudio de 2008 realizado por la Organización Internacional del Trabajo (OIT), la disparidad del ingreso aumentó en la mayoría de los países entre 1990 y 2005. Esto es cierto en la mayoría de los países desarrollados debido a su desindustrialización progresiva. Los trabajadores con poco grado de especialización —más numerosos que los demás— han experimentado una reducción palpable de su salario. En el siguiente capítulo analizaremos más a fondo la brecha salarial creciente en los países desarrollados.

En los países emergentes, la globalizacióna a veces ha aumentado en apariencia únicamente, dado que las desigualdades siguieron agudizándose en los años ochenta y noventa. Durante ese periodo, México se colocó entre los 10 países más dinámicos en términos del comercio internacional. No obstante, parece menos igualitario hoy que hace una década: casi 50% de la población de 109 millones vive con menos de MXN400 (alrededor de USD30) al día, mientras que un 10% posee el equivalente a 50% del PIB.

De igual modo, las desigualdades en China se intensificaron en paralelo con su frenético crecimiento entre 1990 y 2005. Desde entonces, la disparidad en el ingreso parece haberse reducido e incluso cedido en algunas regiones del país (véase gráfica). En India, el contraste entre "la India brillante" de Bangalore y el resto del país es evidente. Las industrias de alta tecnología sólo emplean a 0.2% de los trabajadores y sólo 2% de éstos participan en la globalización mediante la exportación de bienes de alto valor agregado. De acuerdo con el Programa de las Naciones Unidas para el Desarrollo (PNUD), 92% de la actividad económica de India depende del sector informal. El campo está plagado de corrupción y mala gobernanza. Los ganadores y perdedores de la globalización viven hombro con hombro en el mismo país. Sin embargo, en otros países emergentes como Brasil y Sudáfrica, las desigualdades se han reducido en los dos últimos decenios (véase gráfica).

Los frutos de la globalización, por tanto, están repartidos muy inequitativamente. La integración de las economías en los mercados mundiales repercute fuertemente en los salarios al favorecer a algunos sectores de la sociedad en la gran competencia global. Así que, por ejemplo, hay aumentos salariales casi únicamente para los trabajadores del segmento de telefonía celular y tecnología. El crecimiento económico se refleja con menos rapidez en los trabajadores con poco grado de especialización y los que permanecen estáticos en una zona geográfica o sector (es decir, no abandonan una actividad decadente para introducirse en una con crecimiento). En las grandes naciones emergentes, la pobreza es menos prevalente en las ciudades. Los agricultores chinos que optan por permanecer en el campo no han visto aumentar gran cosa su ingreso en los últimos años como aquellos que migraron a las ciudades.

Cierta mejoría en el nivel de vida

Aunque la globalización a veces incrementa las desigualdades, la apertura de las fronteras al comercio también ha ido de la mano del crecimiento global de la clase media. Mucha gente se ha beneficiado del dinamismo económico y de los nuevos empleos derivados del comercio internacional. También se han beneficiado de la rápida diseminación de tecnologías, habilidades y conocimiento, a veces con efectos muy favorables en la salud. La mortandad infantil ha disminuido sustancialmente en todo el mundo y la esperanza de vida en los países en desarrollo es hoy de unos 65 años, todavía 10 años menos que en los países desarrollados. La tasa de alfabetización ha subido más de 10% desde la década de 1970, lo que a su vez ha reforzado la interrelación de los países en desarrollo con el resto de la economía mundial.

Desde un punto de vista político, el crecimiento económico y la apertura al comercio también han fomentado la exigencia de democracia y

TENDENCIAS DE LA DESIGUALDAD EN CHINA Y BRASIL
Coeficiente de Gini, 1985-2007

El coeficiente de Gini es un número variable entre 0 y 1, donde 0 significa la igualdad perfecta (todo el mundo tiene el mismo ingreso) y 1 significa la desigualdad total (una persona tiene todo el ingreso y las demás ninguno). En Brasil, la desigualdad parece estarse reduciendo, pero su nivel es mucho más alto que en China. En este país, sin embargo, la desigualdad ha aumentado notablemente, sobre todo entre 1990 y 2005, cuando su coeficiente de Gini pasó de 0.30 a 0.40: de un nivel cercano al promedio de los países de la OCDE (0.30) a la desigualdad promedio donde es más elevada entre los países de la OCDE. Sin embargo, el nivel de desigualdad parece haberse estabilizado desde 2005.

Fuente: OCDE (2010), *Perspectivas sobre el Desarrollo Mundial*, OECD Publishing, París.
www.oecdilibrary.org/development/perspectivesonglobaldevelopment2010/inequalityinselectedcountries1985 2007_9789264084728graph46en.
StatLink ᵐᵍ═ *http://dx.doi.org/10.1787/888932780171*

representatividad. En la actualidad, la mayor parte de la población mundial vive en países gobernadospor dirigentes elegidos en las urnas. También es más alto el número de países que han instituido los derechos civiles y políticos y en los que se goza de mayor libertad.

A manera de conclusión...

El panorama general es entonces contrastante. Tal como en los países desarrollados, la globalización estimula el progreso en los países en desarrollo al mejorar la asignacion de los recursos gracias a mayores ventajas comparativas, menores costos derivados de las economías de escala y más dinamismo mediante las transferencias de tecnología.

En 2007, el sondeo de "ciudadanos ordinarios" aplicado en 47 países por el Pew Research Center mostró que la mayoría creía que el aumento en el comercio internacional había influido positivamente en su país. Esta opinión fue particularmente generalizada en los países más pobres y, sobre todo, en África subsahariana. De los encuestados en los 10 países africanos, 80% consideraron benéfico el comercio internacional.

Sin embargo, las mutaciones causadas por la globalización también intensifican las debilidades de ciertos países y categorías demográficas. La globalización crea inestabilidad porque obliga a las compañías más débiles a competir con las mejor armadas, porque pone a las poblaciones a merced de los precios globales y porque margina a ciertos sectores económicos. Sin embargo, el grado de desarrollo de un país sólo depende en parte de la globalización (véase la conversación abajo con Andrew Mold).

En síntesis, la globalización es necesaria para el desarrollo, pero no necesariamente lo garantiza e incluso pudiera resultar arriesgada. Para cosechar todos sus beneficios, lo único que puede ayudar a los países es toda una gama de políticas bien sopesadas, tanto económicas como sociales. Veamos algunos ejemplos.

En primer lugar, como ya dijimos, los países en desarrollo deben deshacerse de su dependencia respecto de las materias primas y diversificar su economía. El sector de materias primas no sólo es volátil sino, por lo general, tampoco beneficia a otros sectores económicos. Por tanto, los gobiernos deben aprovechar cuando el precio de las materias primas está alto para abatir la pobreza y la desigualdad, y diversificarse mediante el desarrollo de las industrias y los servicios.

Asimismo, los países deben sacar el máximo provecho a su mercado interno. Ninguno puede desarrollarse de manera sostenible si la apertura al comercio internacional ocurre de un día para otro. A las naciones que se abren al comercio sin haber sentado bases firmes para su economía no suele irles bien a la larga.

Por otro lado, los países en desarrollo necesitan cooperar más con sus vecinos. Aunque algunos economistas ven la integración regional como una distorsión del comercio internacional, sí parece ser factor contribuyente para la economía mundial. Ofrece un medio para que los países pequeños en particular obtengan confianza y aprovechen al máximo sus ventajas comparativas.

Por último, la innovación, la educación y la capacitación resultan indispensables para maximizar la globalización. Aunque esto pudiera parecer obvio, muchos países aún están rezagados en esos frentes. La única manera de desarrollarse es adquiriendo tecnología y aprendiendo sobre los modos de producción más eficientes. La cooperación Sur-Sur todavía podría crecer considerablemente en este sentido.

Una conversación

Andrew Mold, ex director de la Unidad de Competitividad y Análisis Estructural del Centro de Desarrollo de la OCDE

"La apertura al comercio internacional no es, *per se,* algo bueno. Lo importante es lograr más valor agregado y, sobre todo, incrementar la capacidad tecnológica del país."

¿Considera que la globalización promueve el desarrollo?

¡Qué buena pregunta! En general, diría que una apertura lenta y gradual a la economía mundial resulta benéfica para los países en desarrollo. En términos económicos, la economía de mercado y la difusión de las tecnologías son factores del progreso. Ciertos fenómenos recientes, como que las multinacionales estén adaptando sus productos a los consumidores más pobres —"la base de la pirámide", el término acuñado por C.K. Prahalad— también son buen augurio para el desarrollo.

No obstante, otros aspectos de la globalización son preocupantes, como la presión sobre el salario de los trabajadores poco capacitados en algunos países en desarrollo o los problemas de tipo ambiental y la sostenibilidad del crecimiento. El agotamiento de los recursos y la conservación del medio ambiente son grandes limitantes del crecimiento. El hecho de que varios países participen en la producción de un único pro-

ducto puede conducir a mayores eficiencias en costos, pero afecta negativamente el entorno. Por ejemplo, que los agricultores zambianos produzcan chícharo para los supermercados británicos, o que Etiopía y Colombia exporten flores a los Países Bajos es probablemente algo bueno para los trabajadores de ese sector, pero su traslado en avión origina mucha contaminación y emisión de CO_2.

También concuerdo con la opinión de los autores Peter Gibbon y Stefano Ponte, quienes señalan en su libro *Trading Down: Africa, Value Chains and the Global Economy* que la mayoría de los países africanos están restringidos a una participación reducida de los mercados globalizados y a ciertos tipos de producción, debido a que un pequeño número de operadores controlan las cadenas de valor.

Algunos compradores actúan como verdaderos monopolios en su relación con los proveedores de productos agrícolas en los países en desarrollo. El resultado es que hay uno o dos compradores y miles de proveedores, lo que no favorece un funcionamiento adecuado del mercado.

En pocas palabras, aunque la globalización es más bien positiva en términos generales, sí plantea algunos problemas graves que requieren soluciones globales.

Una conversación *(cont.)*

¿No hay ejemplos de países que se hayan desarrollado sin abrirse al comercio internacional?

La actual Corea del Norte y la otrora comunista Albania son ejemplos de economías cuasiautárquicas. ¡No creo que pueda decirse que estos países son historias de éxito económico! No, un país que está encerrado en sí mismo no puede desarrollarse sosteniblemente. Pero hay muchas maneras de abrirse. Algunos países desarrollaron sus exportaciones protegiendo parcialmente su mercado interno. Eso es lo que Corea hizo en la década de 1960 y de 1970. México, por otro lado, aunque se las arregló para aumentar sustancialmente el volumen y la diversidad de sus exportaciones, todavía tiene el PIB per cápita más bajo (de hecho, se encuentra prácticamente estancado). ¿Cómo explicar estas diferencias entre ambos países? Lo importante no es el volumen de comercio ni la IED, sino el tipo de comercio y la IED, así como la profundidad y la eficacia de la legislación. Aunque el volumen de las importaciones mexicanas ha crecido considerablemente, su valor agregado debido a las maquiladoras (fábricas de productos para exportación manufacturados con componentes importados) sigue siendo muy bajo, en parte porque tienen que pagar más por los componentes que sus rivales asiáticos.

La apertura al comercio internacional no es *en sí* algo bueno. Lo importante es lograr más valor agregado y, sobre todo, aumentar la capacidad tecnológica del país. Los países en desarrollo deben escalar la cadena de valor más que seguir confinados a producir bienes de bajo valor agregado. Incluso China encara este desafío. El gobierno chino está presionando a las multinacionales para que transfieran tecnologías y competencias, entre otras cosas. Sin embargo, estas iniciativas tienen algo de ilusorias porque, al final, la eficacia de las transferencias de tecnología depende casi totalmente de las multinacionales, que no siempre están dispuestas a ello.

Desde hace mucho, el principio de abrir las fronteras al comercio se ha propuesto como condición para el desarrollo. No obstante, los países de mayor desarrollo, como China, han conservado algo de control sobre el comercio internacional, y particularmente sobre la circulación de los capitales. ¿Deberían abrirse al comercio los países en desarrollo o no?

Esta pregunta es fundamental. Algunos estudios recientes hacen referencia a ciertos "umbrales": un país no puede beneficiarse del comercio y los flujos de capital si primero no cuenta con cierta capacidad institucional y capital humano. Dejando de lado esto, la apertura al comercio conduce a una mayor inestabilidad debido a las políticas más liberales. Muchos países pobres lo han vivido.

Debido más que nada a la crisis financiera y económica, creo que estamos avanzando hacia políticas más pragmáticas. Por ejemplo, el FMI indicó recientemente que algunas formas de control sobre los flujos económicos a veces podrían resultar benéficas. Los países en desarrollo deben buscar crear su propia mezcla de políticas.

Perspectivas sobre el Desarrollo Mundial 2010 *[actualizado en 2012] expresó un optimismo renovado por los países en desarrollo en su conjunto. El reporte indica que si bien los años noventa fueron una "década perdida" para muchos de ellos, la que le siguió fue mucho más favorable. ¿Da la globalización alguna esperanza a estos países?*

Sí, hay esperanza. Varios factores explican

Una conversación *(cont.)*

el avance económico de los países en desarrollo: en la primera década de este siglo, el contexto económico internacional mejoró considerablemente para el mundo en desarrollo, gracias a tasas de interés más bajas y a la abundante liquidez global.

En la actualidad, los países en desarrollo en general cuentan con políticas macroeconómicas y presupuestales mucho más prudentes. Por último, en dicha década, los términos del comercio internacional se volvieron mucho más interesantes para los países en desarrollo gracias, más que nada, al aumento en el precio de las materias primas —sobre todo los minerales— debido a la demanda de los dos gigantes asiáticos. Los países en desarrollo, como productores de materias primas, han estado esperando esta subida de precios desde hace años.

Pero esta nueva situación es un arma de doble filo. De acuerdo con un informe sobre agricultura elaborado conjuntamente por la OCDE y la Organización de las Naciones Unidas para la Alimentación y la Agricultura (FAO, por sus siglas en inglés), el precio de los cereales debería aumentar otro 40% en el próximo decenio. No obstante, algunos países en desarrollo son importadores netos de productos alimentarios, y ello encarece sus importaciones. En consecuencia, este nuevo contexto crea oportunidades, pero también presenta grandes retos. El aumento en el precio de los alimentos básicos ya está teniendo repercusiones funestas en algunos países.

En general, la globalización parece estar ensanchando las desigualdades...

Esto puede ocurrir, pero los gobiernos no deberían apuntar a la globalización para justificar un aumento de las desigualdades. Este fenómeno también afecta a los países desarrollados, como se indica en el reporte de la OCDE de 2011 *Divided We Stand: Why Inequality Keeps Rising*. Por ejemplo, el crecimiento que experimentó Estados Unidos hasta la crisis benefició principalmente al segmento más rico —1% a 5%— de la población. Al mismo tiempo, el salario de los trabajadores poco capacitados se estancó (véase capítulo 6). Los gobiernos pueden cambiar este paradigma mediante la tributación y la protección social: el ensanchamiento excesivo de la brecha de la desigualdad no es una consecuencia "natural" del crecimiento y el desarrollo.

Para saber más

DE LA OCDE...

En Internet

Centro de Desarrollo de la OCDE:

La página www.oecd.org/dev proporciona acceso a la mayoría de los informes, las bases de datos, los estudios y las conferencias del Centro de Desarrollo de la OCDE, incluidos los que abordan el impacto de la globalización en el desarrollo.

Publicaciones

Perspectivas sobre el Desarrollo Mundial: Riqueza Cambiante (junio de 2010), el primer volumen de una nueva publicación anual a cargo del Centro de Desarrollo de la OCDE, analiza el impacto del ascenso de las principales economías emergentes en el desarrollo, la pobreza y la desigualdad.

The Social Impact of Foreign Direct Investment (2008): Este resumen de política pública que da a conocer la OCDE ahonda en el verdadero impacto social de la IED en los países en desarrollo —incluidos los trabajadores y las condiciones de trabajo en las multinacionales en comparación con las empresas locales— y analiza sus efectos en la economía general y las maneras como los gobiernos puedan garantizar que la IED facilite el desarrollo.

...Y OTRAS REFERENCIAS

En internet

La página de datos e investigación econ.worldbank.org del Banco Mundial:

Contiene numerosas cifras, información y análisis, incluidas estimaciones de la tasa de pobreza global y regional.

Objetivos de Desarrollo del Milenio. Informe de 2010. Este reporte de Naciones Unidas evalúa periódicamente los avances logrados para alcanzar los ODM. El informe de 2010 muestra que la pobreza extrema (el número de personas que viven con menos de USD1.25 al día) se redujo en la mayoría de las regiones del mundo durante la década de 1990. Sin embargo, la crisis de 2008 detonó un repunte de la pobreza extrema (véase www.un.org//millenniumgoals/report2010.shtml).

Publicaciones

Perspectivas Económicas Globales, Banco Mundial:

Una de las herramientas analíticas más exhaustivas a disposición de los encargados de la elaboración de políticas públicas; estudia el estado de desarrollo económico de los países en desarrollo.

The Fortune at the Bottom of the Pyramid (1a edición, 2004): El economista C.K. Prahalad explica la manera en que el desarrollo económico podría llegar a las naciones en desarrollo si las multinacionales consideraran que los consumidores de los países pobres del Sur son consumidores hechos y derechos, y si aplicaran una estrategia comercial adaptada a sus necesidades y poder adquisitivo. De hacerlo, se les abriría un mercado de 4 000 millones de consumidores potenciales.

In Defense of Globalization (1a. edición, 2004): El profesor Jagdish Bhagwati, de la Universidad de Columbia, anotó las diversas críticas a la globalización en los últimos 20 años y respondió a cada una de ellas, insistiendo en los temas relacionados con el desarrollo económico.

6

Aunque la competencia de los países donde los salarios son bajos tiene algunos efectos negativos en el empleo de los países de la OCDE, la relación entre globalización y pérdida de empleos es menos obvia de lo que parece a primera vista. En las épocas de choque económico, como la recesión reciente, la globalización al parecer crea más empleos, en términos generales, de los que destruye. De igual modo, el incremento total en la desigualdad salarial de las dos últimas décadas parece más relacionado con la tecnología y la legislación que con la globalización. De todas formas, la globalización sin duda contribuye a una mayor precariedad laboral en algunos casos. El reto consiste en ayudar a los "perdedores" de la globalización a seguir en la carrera y aprovechar las nuevas oportunidades que ofrece la apertura al comercio internacional.

¿La globalización beneficia al empleo?

A manera de introducción...

En enero de 2008, el fabricante de teléfonos celulares, Nokia, anuncia que va a cerrar su fábrica en Bochum (Alemania) para trasladar la producción a Cluj-Napoca (Rumania) y elimina 2 300 empleos. Un año después, BenQ/Siemens y Motorola también cierran sus plantas de producción en Alemania. El mercado de la telefonía celular, nacido apenas 15 años antes, aún es joven. Enfrentado con el impacto que ocasiona este anuncio, el gobierno alemán exige a Nokia que devuelva los EUR17 millones que recibió en subsidios.

La competencia internacional ha aumentado en la mayoría de los sectores. Las compañías quieren reducir costos. Durante muchos años, la deslocalización ha sido un medio para alcanzar este fin. La diversificación gradual y la internacionalización de los accionistas ha reducido la presencia local de muchas compañías, con lo cual han generado incertidumbre y preocupación entre los trabajadores de los países desarrollados cuyo empleo siempre está en riesgo de ser transferido al otro lado del orbe.

Esta incertidumbre ha persistido durante décadas y se ha incrementado con la crisis de 2008 y sus efectos devastadores en el empleo. En muchos países, la situación laboral ha empeorado mucho más. El desempleo reducido que caracterizaba a ciertas economías ahora se ha disparado. Entre diciembre de 2007 y marzo de 2010, la tasa de desempleo pasó de alrededor de 4.5% a poco más de 8% en el Reino Unido. El aumento del desempleo ha sido incluso más palpable en Estados Unidos, donde la tasa ha pasado de 4.5% a casi 10% de la fuerza laboral.

En este capítulo analizamos el impacto de la globalización en el empleo durante los últimos 20 años. No es tarea fácil. Como hemos visto, la globalización implica distintos fenómenos: desde el comercio internacional hasta la migración, pasando por la IED. Algunas pistas pueden ayudarnos a evaluar el impacto de la globalización en el empleo, pero también enmascaran las tendencias subyacentes menos visibles, en términos tanto de la *cantidad* como de la *calidad* de los puestos de trabajo.

La globalización elimina algunos empleos, pero crea muchos más

La deslocalización, aunque dolorosa, es sólo un aspecto de la globalización. Un análisis de los efectos globales de la creciente integración económica de las distintas regiones del mundo refleja una realidad compleja. En este sentido, nos concentraremos básicamente en las tendencias laborales de los países de la OCDE porque el desempleo ha sido generalizado desde finales de la posguerra y porque ahí, más que en otras partes, se ha culpado a la globalización de despojar a los trabajadores de su trabajo. Algunas tendencias laborales en los países en desarrollo y emergentes ocurren en paralelo, pues los empleos que se pierden en algunos sectores de los países de la OCDE con frecuencia se ganan en otras regiones.

Empleos perdidos debido a la competencia de productos provenientes de países emergentes

Los productos de importación que compiten contra los productos nacionales han ocasionado la pérdida de empleos en los países de la OCDE. Esta nueva configuración del comercio internacional, la cual se aborda en el capítulo 4, se caracteriza por la competitividad decreciente de algunos bienes manufacturados en los países desarrollados en comparación con los provenientes de países emergentes.

Resulta difícil determinar cuántos empleos se han perdido en total debido a la competencia internacional, pues la relación entre ambos suele ser indirecta e indefinida. Aun así, la evolución de los datos de empleo en algunas industrias es reveladora. Desde los años noventa, el empleo industrial ha ido en retroceso en la mayoría de los países de la OCDE, un síntoma de la desindustrialización de los países desarrollados. En esa década, la oleada de prendas de vestir provenientes de China que se vendía a precios insuperables resultó mortal para gran parte de la industria textil de varios países de la OCDE. Muchas compañías se vieron obligadas a reducir su tamaño o cerrar. De 1970 a 2003, la fuerza laboral textilera se redujo 60% en los países del G7. Esta carnicería ocasionó que las compañías de la zona de la OCDE se reenfocaran en las unidades de negocio con mayor valor agregado, como la tecnología textil, el diseño, la alta costura, etc. Una tendencia parecida afectó a los aparatos electrónicos de venta masiva, los juguetes, los artículos para el hogar y otros sectores cuyos productos no requerían de competencias ni de tecnologías especializadas.

No obstante lo anterior, algunas actividades industriales —las empresas agropecuarias, los fabricantes de productos químicos (incluidos los farmacéuticos) y las armadoras de automóviles— siguen siendo fuente de empleo en los países de la OCDE. Estos sectores han conservado más o menos sin cambios su fuerza laboral en los últimos 25 años, por lo menos hasta la crisis económica reciente. En el caso de las empresas agropecuarias, el procesamiento de esta industria con frecuencia debe ubicarse cerca del mercado de distribución. Esto significa que la competencia internacional repercute menos en la actividad y en la manera como ésta se encuentra organizada, de modo que la industria está relativamente a salvo del vendaval de la competencia internacional.

La competencia también puede beneficiar a los trabajadores en los países desarrollados. La industria automotriz, la farmacéutica y la química dependen en gran medida de la competencia internacional, que no ha afectado sus niveles de empleo. Esto se debe a que, a diferencia de la industria textil o de los aparatos electrónicos de venta masiva, exportan e importan esencialmente con otros países de la OCDE, lo que resulta que también manufacturan más o menos el mismo tipo de productos. Por ejemplo, las importaciones de autos alemanes en Francia no ponen en riesgo la producción automotriz francesa porque Francia también exporta sus autos a Alemania y a otros países de la OCDE. En otras palabras, es básicamente la competencia de *algunos* productos importados —cuyo valor agregado es más bajo y provienen de los países en desarrollo o emergentes— lo que ocasiona cierta pérdida de empleos en los países de la OCDE.

Además, no todos los países de la OCDE han evolucionado de la misma manera. En Corea, México o Irlanda, el número de empleos ha aumentado en las empresas industriales. Debido a que la base de su industria se cimentó más tarde, estos países apenas están poniéndose al día, en parte gracias a la inversión extranjera. En la década de 1990, el fabricante estadounidense de computadoras personales, Dell, abrió instalaciones en Irlanda y creó más de 4 500 empleos. No hace mucho, la mayor parte de las computadoras Dell que se vendían en Europa se ensamblaban en Limerick. Gracias al alto número de computadoras que se exportaban desde sus instalaciones en Irlanda, Dell aportaba casi 5% al PIB de Irlanda. Sin embargo, en 2009, inmersa en la crisis global, la compañía cerró su unidad en Limerick y transfirió la producción a Polonia.

La desindustrialización del Norte y sus efectos negativos en el empleo también se deben a otra forma de competencia, la salarial, que lleva a muchas compañías en países de la OCDE a trasladar su producción al extranjero.

Empleos perdidos debido a la deslocalización

El impacto de la deslocalización en los países de la OCDE no puede exagerarse. Parte de lo investigado en este sentido es bastante preocupante. En 2005, un estudio mostró que 40% de los principales directores generales había enviado o pretendía enviar una o varias unidades a otro país. Aunque al principio muchos empleos migraron a Asia, ahora también se están desplazando al norte de África, a Europa central e incluso al Cáucaso. En 2005, el proveedor de servicios de internet, Lycos France, subsidiaria del grupo español Telefónica, transfirió parte de sus operaciones a Erevan, en Armenia.

Esta tendencia no se limita a la industria. En 2004, una de cada dos empresas estaba considerando reubicar una actividad de servicios. En la actualidad, uno de cada cinco asalariados en los países de la OCDE trabaja en una actividad que podría contratarse externamente.

La deslocalización es consecuencia directa del aceleramiento de la globalización a partir de la década de 1990. En cuanto se eliminaron la mayoría de los obstáculos al comercio internacional, las comunicaciones se volvieron instantáneas, las compañías pudieron constituirse en el extranjero con facilidad, las cadenas de producción se globalizaron y las empresas se abocaron a buscar mano de obra en los países con el costo más bajo. El impacto de la deslocalización en el empleo no es fácil de calcular. Muchas compañías sólo realizan una parte de su producción en los países emergentes. Los empleos que se pierden por este motivo son intensivos en mano de obra y poco especializados, como los relacionados con las líneas de ensamblaje. Los ahorros que la compañía logra en productividad, competitividad y otros le permiten hacer nuevas inversiones. Por ende, sus ventas y producción en general aumentan y, con ello, puede contratar nuevos trabajadores.

La pérdida de empleos no sólo se debe a la globalización

Aunque la deslocalización es un síntoma muy visible del impacto de la globalización en cierto tipo de empleo, no es de ninguna manera la única causa de pérdida de puestos de trabajo en los países desarrollados. En Europa, menos de 5% de los empleos perdidos en la industria y los servicios se debe a la decisión de contratar externamente una actividad en un país con salarios más bajos. En Francia, la deslocalización ocasionó la eliminación de 13 500 plazas industriales entre 1995 y 2001, una cifra relativamente baja en comparación con el total de empleos perdidos. Un estudio realizado de 2002 a 2004 mostró que la causa de los empleos que se eliminaron en Europa fue, en 75% de los casos, una reestructuración interna tras las mejoras en las tecnologías o los procesos y la reorientación estratégica de la empresa, y, en 15% de los casos, la quiebra.

En Estados Unidos, la proporción de empleos perdidos debido a la deslocalización también es baja, aunque ha aumentado en los últimos años. En 2003, la deslocalización fue la causa de que se perdieran 13 000 plazas, es decir, menos de 1% del total de empleos perdidos. Tan sólo durante el primer trimestre de 2004, el número de empleos que se perdieron debido a la contratación externa era de 2% del total de empleos eliminados. Al igual que en Europa, las causas de que se eliminara la mayoría de esos puestos de trabajo en Estados Unidos fueron las tecnologías nuevas y la reorientación estratégica de las compañías.

De hecho, la globalización sí repercute en esos factores. Como hemos visto, la mayor integración económica de los países ha promovido el crecimiento mediante las ganancias en productividad y la diseminación de nuevas tecnologías. La pérdida de empleos debido a mayores eficiencias, a las reestructuraciones y a las quiebras puede verse como consecuencia *indirecta* de la globalización. Además, lo que se gana en eficacia y productividad también produce nuevos empleos. En cualquier caso, la apertura de las fronteras al comercio y la inversión no es la única culpable.

Creación de nuevos empleos en las industrias de alta tecnología y en los servicios

La crisis económica reciente ocasionó un repunte sustancial del desempleo en la mayoría de los países de la OCDE. Aunque la interdependencia creciente de estas naciones facilitó la diseminación del choque, éste fue causado por el mal funcionamiento del sector financiero y por ciertos desequilibrios macroeconómicos (véase capítulo 8). En la década anterior a la crisis, el número total de empleos en la zona de la OCDE no disminuyó y, al contrario, los empleos perdidos en algunos sectores se compensaron con los millones que se agregaron a la economía.

Nuevas profesiones aparecieron, sobre todo en el ramo de los servicios, que en Alemania se tradujeron en tres millones de empleos nuevos entre 1995 y 2003. Tan sólo las actividades negocio a negocio (contabilidad, recursos humanos, centros de atención telefónica, diseño de páginas Web, logística, etc.), los hoteles y restaurantes, y los servicios de atención médica y a personas físicas crearon más de 2.5 millones de puestos de trabajo. Estas nuevas profesiones de servicios suelen generar mayor valor agregado que las actividades intensivas en mano de obra. La riqueza generada de esta manera podría reinvertirse en nuevas actividades, que a su vez abrirían nuevas plazas.

En promedio, el número de empleos relacionados con los servicios creados de esta manera fue mayor que el número de empleos industriales eliminados en las economías desarrolladas durante el último decenio. Entre 1995 y 2005, la tasa de ocupación en los países de la OCDE aumentó 1.1% en términos interanuales. Este avance supera el crecimiento anual de la población (1%). Todo lo anterior significa que la globalización y la competencia de los países de bajo costo no impidieron que los países desarrollados crearan más empleos. Mejor aún, las ganancias en productividad resultantes condujeron a la apertura de nuevos puestos de trabajo en sectores con mayor valor agregado. En 2007, justo antes de la crisis económica global, la tasa de desempleo promedio (5%) en los países de la OCDE fue la más baja desde 1990.

En los países en desarrollo, y en los emergentes en particular, la globalización condujo a la creación de empleos mediante la constitución de nuevas empresas o el traslado de la producción de algunas compañías desde los países desarrollados. Aunque puede resultar difícil dar cifras sobre este aspecto, puede decirse que, en términos generales, la globalización creó más empleos de los que eliminó.

Pero los empleos son sólo una variable del ajuste entre varias más. Los países no pueden ignorar a los "perdedores" de la globalización, que, para encararla, deben aplicar medidas de ajuste y capacitación (véase la conversación con Paul Swaim al final de este capítulo). Lo que es más, el balance positivo al que nos referimos aquí sólo tiene que ver con la *canti-*

dad de empleos. ¿Qué hay respecto a la *calidad* del empleo? Es aquí donde, las más de las veces, se culpa a la globalización.

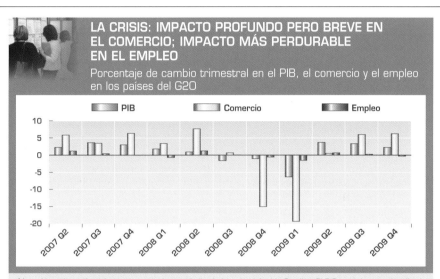

LA CRISIS: IMPACTO PROFUNDO PERO BREVE EN EL COMERCIO; IMPACTO MÁS PERDURABLE EN EL EMPLEO

Porcentaje de cambio trimestral en el PIB, el comercio y el empleo en los países del G20

Note: Nota: Las cifras de empleo no incluyen a India, Indonesia ni Arabia Saudita. El PIB está desestacionalizado, no así el dato de comercio ni de empleo.

Aunque un mayor comercio internacional beneficia al empleo en general, la elevada integración de los mercados internacionales de bienes y servicios facilitó la propagación de los choques que pueden causar mella en el empleo.

Fuente: "Seizing the Benefits of Trade for Employment and Growth", informe conjunto de la OCDE, la OIT, el Banco Mundial y la OMC, disponible en *www.oecd.org/dataoecd/61/57/46353240.pdf.*
StatLink ⌨▄ *http://dx.doi.org/10.1787/888932780190*

Testimonio

Albert Lebleu, 62 años de edad, ex ingeniero en Metaleurop, Courcelles-lès-Lens, Francia

"Lo peor, para nosotros, fue que las decisiones ya no se tomaban localmente."

La carretera que lleva a Courcelles-lès-Lens, en Nord-Pas-de-Calais, Francia, muestra recordatorios constantes de los hitos históricos de la región: sus días de gloria, sus fábricas textiles, su riqueza, sus minas de carbón. La silueta cónica de

la pila de residuos mineros más alta de Europa (186 metros) rompe la monotonía de lo que de otra manera sería terreno plano en esta esquinita del noroeste. En 1914, cuando inició la Primera Guerra Mundial, el frente estaba a 15 kilómetros de distancia. La zona se sacudía con el cañoneo. En los alrededores, durante este conflicto global, los hombres de más de 12 países y tres continentes se mataban unos a otros. El cementerio militar a la entrada de la población mantiene vivo el

Testimonio *(Cont.)*

recuerdo de estos acontecimientos.

Hoy, las casas de una planta acentúan la paz en este pueblo de apenas mil habitantes. En una habitación en el primer piso del pequeño palacio municipal, Albert Lebleu está ocupado en medio de un revoltijo de cajas, sillas apiladas y computadoras de quién sabe cuándo.

A sus 62 años, este ingeniero químico encanecido aún rebosa energía. Las distintas asociaciones que encabeza, incluida la de los antiguos trabajadores de Metaleurop, lo mantienen casi tan ocupado como antes, pero ahora como voluntario. La planta donde laboraba cerró súbitamente en 2003. Después de 33 años de servicio leal a la fundidora Metaleurop Nord, Albert Lebleu acepto su jubilación anticipada. Durante esos años, fue testigo del efecto de la globalización en la compañía. Desde que se incorporara como empleado en 1970, ocupó varios cargos. En 1975, su contribución con el programa de investigación interno dio por resultado que la compañía empezara a aplicar un proceso único en la producción de germanio. La patente todavía lleva su nombre, así como el de los dos colegas que le ayudaron a ajustar el proceso.

En la actualidad, sus ojos brillan de orgullo mientras narra el pasado de la fábrica. En la década de 1960, la fundidora Metaleurop fue la primera en utilizar el proceso de pirólisis para tratar metales como el plomo y el zinc. Este proceso posteriormente se aplicó en otras partes, en Australia, América del Norte... La próspera compañía entonces cambió su posicionamiento y empezó a producir metales más raros. Metaleurop Nord fue el principal exportador global de germanio, un metal que se utiliza para hacer gafas de visión nocturna. La fábrica produjo un componente utilizado en los monitores de cristal líquido. "Como unidad de producción, nos inclinábamos mucho hacia la tecnología", recuerda Lebleu.

Pero hace 35 años, otros países empezaron a incursionar en el mismo nicho, a veces con instalaciones y tecnologías más recientes... las primeras señales de la globalización. "Nuestra competitividad empezó a erosionarse", explica. "Primero, Japón entró a la competencia en los años setenta. Luego China llegó a nuestros mercados en los ochenta, seguida de India en los noventa. Para mantener nuestra ventaja competitiva, tuvimos que automatizar más

nuestro equipo. En 1986, mi equipo pasó de 19 a 16 empleados." En tres décadas, la fuerza laboral se redujo a la mitad: de 1 600 empleados pasó a 830. El ritmo del trabajo se aceleró, junto con la tensión. "Antes, los trabajadores no venían a trabajar a regañadientes", señala. "Disfrutaban de la plática en los recesos para café. Pero el ritmo se volvió más y más rápido. Estos momentos de relajamiento se volvieron cada vez más raros. Al mismo tiempo, la edad promedio en la compañía iba en aumento porque no se contrató a personal nuevo", agrega. "A principios de este siglo, la edad promedio era 50 años. Teníamos que mantener nuestra participación en el mercado para que la fábrica siguiera funcionando." Pero la globalización se hizo más evidente y las decisiones se tomaban en lugares cada vez más distantes.

"Las fábricas empezaron a cambiar de manos siguiendo el ánimo de los mercados financieros."

A mediados de la década de 1990, un grupo suizo se hizo del capital social de Metaleurop. "La fundidora ya no le interesaba al accionista anterior, un grupo industrial alemán que decidió hacer un viraje de 180 grados para concentrarse en el turismo. El grupo suizo se convirtió en el principal accionista, con una tercera parte del capital. Rápidamente, dejó de invertir. Sentimos que estábamos perdiendo el control de nuestro destino. Los holdings financieros, con su ejército de abogados, se convirtieron en los verdaderos jefes de la planta", protesta. "Frente a estas entidades, muchas de ellas refugiadas en los paraísos fiscales, no podíamos hacer mucho. El problema es que la globalización ocurre rápidamente y que las leyes, los comportamientos y los códigos no pueden seguirle el paso."

Mientras tanto, el número cada vez más alto de fundidoras más económicas en los países emergentes implicó que Metaleurop ya no salía tablas y las cuentas empezaron a arrojar pérdidas. Y éstas aumentaron. "A principios de 2003, la compañía matriz cerró la llave", recuerda Lebleu, cuando el accionista mayoritario de Metaleurop dejó a su subsidiaria sin recursos y sin avisar previamente a los trabajadores. En ese entonces no había legislación

Testimonio *(Cont.)*

transnacional que obligara a la casa matriz a cumplir los compromisos de una subsidiaria en la que no fuera accionista mayoritario. "De un día para otro, nos quedamos sin empleo y sin prestaciones. La administración simplemente decidió abandonar a la unidad de producción, argumentando que las arcas estaban vacías."

Metaleurop Nord llegó a conocerse como uno de los sitios más contaminados de Europa. Las sustancias químicas peligrosas se almacenaban a cielo abierto y no se gastaba ni un euro en saneación. "Vivíamos el capitalismo salvaje y todo su horror", opina hoy Lebleu. "Con la globalización, el capital iba y venía a través de las fronteras. Podían llevar una fábrica a su destrucción y dejar atrás un desastre ecológico y social." Por último, las autoridades francesas financiaron parte del

proceso de descontaminación. Cinco años más tarde, surgieron nuevas actividades. De los 830 empleados de Metaleurop Nord, sólo unos 60 siguen desempleados. "Los daños sociales han sido mitigados", admite Lebleu.

Cuatro años más tarde, el ingeniero jubilado ha encontrado nuevas ocupaciones, pero ahora le preocupa el futuro de su hija de 35 años, también ingeniero. "A principios de la década de 1970, menos de 10% de las personas con mi rango de edad tenían diploma de bachillerato. Ahora, casi todo el mundo lo tiene. Graduarte como ingeniero no es garantía alguna de una buena carrera; constantemente debemos probarnos a nosotros mismos. Además de lo anterior, nuestro poder adquisitivo está quedándose atrás. Más y más personas trabajan por el salario mínimo. Y la globalización no ayuda con esto para nada", concluye.

La globalización parece incrementar la disparidad en la calidad del empleo

"En los países de la OCDE, la globalización ha tenido un impacto desproporcionado en cierto tipo de trabajadores, sobre todo los poco calificados, quienes también pudieran concentrarse en ciertas regiones."

OCDE, *Staying Competitive in the Global Economy – Compendium of Studies on Global Value Chains*, 2008

Algunos temen que la globalización reduzca los estándares laborales — en lo que se conoce como la "carrera hacia el abismo"— cuando los trabajadores de los países industrializados tengan que alinear su sueldo y condiciones laborales con los de los países de bajo salario. ¿Está fundamentado este temor?

Salarios más bajos en los sectores de bajo valor agregado

Los niveles salariales en los países de la OCDE muestran grandes variaciones. Ante la competencia internacional están dándose algunas concesiones salariales reales. En este frente, también, la deslocalización tiene consecuencias dolorosas. En 2008, el sindicato United Auto Workers (UAW) de la industria automotriz estadounidense acordó reducir a la mitad el salario de los trabajadores jóvenes con el fin de conservar los puestos de trabajo en una planta de Ford que amenazaba con trasladarse a México. En el otro lado del río Bravo, los dirigentes sindicales mexicanos hicieron aún mayores concesiones y los trabajadores recién contratados acordaron partir de un salario de USD1.50 la hora. Con ese sueldo, un trabajador mexicano es competitivo incluso frente a sus pares en China.

> **"Uno de los argumentos para firmar el Tratado de Libre Comercio de América del Norte (TLCAN) fue que los salarios mexicanos aumentarían gradualmente hasta equipararse a los de Estados Unidos. Pero en vez de que los salarios mexicanos registraran presión al alza, los salarios estadounidenses se vieron sometidos a presión a la baja."**
>
> *Ben Davis, director del Solidarity Center en la Ciudad de México del sindicato estadounidense AFLCI*

La sola *amenaza* de irse al extranjero a veces basta para reducir la calidad del empleo en los países desarrollados, debido a que menoscaba el activismo sindical. Conforme las compañías se han ido internacionalizando y subcontratando varias de sus funciones, el vínculo entre la cima y la base de la pirámide se ha diluido. Esto ha ocasionado que los salarios suban más lentamente (véase el relato de Albert Lebleu arriba). Entre 2001 y 2006, el salario semanal real del trabajador estadounidense promedio (la media de la distribución salarial) disminuyó 4% a pesar de que la productividad aumentó 15%. En Alemania y Japón, los salarios reales se estancaron. El resultado generalizado es que, desde la década de 1980, la proporción del ingreso por mano de obra en los países de la OCDE ha disminuido. En contraste, en 2006, la proporción de las utilidades corporativas fue de más de 15% del PIB de las siete naciones más industrializadas, en comparación con 13% a principios de los años ochenta.

Aquí, también, las situaciones difieren entre un sector y otro. Los trabajadores cuyos salarios y condiciones laborales están bajo presión pertenecen a las industrias que compiten contra los países de costos bajos. Los empleos estandarizados y repetitivos de las industrias y los servicios se encuentran bajo la amenaza de reubicación constante. Los sectores de equipo de cómputo, sustancias químicas y finanzas no están sujetos a la misma presión internacional que sectores más tradicionales como los de textiles, automóviles y electrónicos. Por el contrario, los salarios en esos sectores aumentaron conforme la globalización se intensificó.

El impacto de la globalización en los salarios de los países de la OCDE es, por ende, combinado: aunque la calidad del empleo ha empeorado en los sectores que ahora son menos competitivos, se han creado muchos empleos de alta calidad en los sectores donde estos países cuentan con una gran ventaja comparativa en los mercados internacionales. Por el lado de la demanda, el desarrollo de los países emergentes ha brindado nuevos puntos de venta a las compañías de la zona de la OCDE. Respecto a la oferta, la competencia internacional ha vuelto más competitivos los productos y servicios y, con ello, se está contratando una fuerza laboral mejor capacitada y más productiva. En la actualidad, las compañías necesitan una gama cada vez más amplia de competencias especializadas. En 2006, los empleos que demandaban una alta capacidad de juicio representaban más de 40% de los empleos corporativos que se crearon en Estados Unidos y casi 70% de todos los empleos en general que se crearon desde 1998. Este tipo de trabajos son más valorados y, por lo general, mejor pagados.

El resultado es la aparición de un mercado laboral de dos velocidades en los países de la OCDE. Por un lado, los salarios de los trabajos sin especialización se han reducido. Por el otro, el salario de los trabajadores preparados y con experiencia en los principales nichos se ha disparado. La disparidad salarial se ha incrementado en las últimas décadas. En 2006, los estadounidenses más ricos ganaban el equivalente a 16% de todo el ingreso anual generado en Estados Unidos, en comparación con sólo 8% en 1980. La brecha de ingresos entre el 10% más rico de la población y el 10% más pobre se ha ampliado en los países desarrollados, salvo raras excepciones: en Irlanda y España, la brecha en realidad se redujo entre 1994 y 2005, el periodo en el que salieron de su rezago económico.

Pero, ¿esta desigualdad creciente se debe sólo a la globalización? De acuerdo con el estudio a fondo de la OCDE, *Divided We Stand: Why Inequality Keeps Rising,* la relación entre la desigualdad y la globalización, y el efecto de ambas en el empleo en general no es tan obvia. El estudio muestra que los principales factores detrás de las disparidades salariales en las últimas décadas en el mundo entero han sido los cambios institucionales y políticos (sobre todo las reglas del mercado laboral), así como los avances tecnológicos.

Precariedad en ciertos empleos

Además de los salarios, muchos trabajadores y representantes sindicales apuntan a la precariedad laboral. En este sentido, la capacidad de las compañías en la zona de la OCDE para desplazar su producción a los países con salarios bajos y legislación social más laxa debilita el poder de negociación de los sindicatos y ejerce presión a la baja sobre la calidad del empleo.

Las compañías de la zona de la OCDE recurren cada vez más al empleo de medio tiempo y a los contratos con vigencia fija. De acuerdo con la

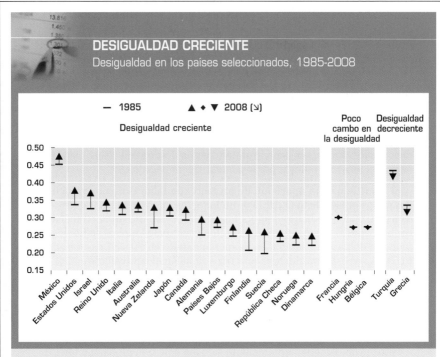

DESIGUALDAD CRECIENTE

Desigualdad en los países seleccionados, 1985-2008

Note: Nota: Para la Replica Checa y Hungría, el periodo analizado empezó a principios de la década de 1990, no en 1985.

NB: Datos temporales de *OECD Database on the Distribution of Income and Poverty*.

En la mayoría de los países de la OCDE, la desigualdad aumentó entre mediados de los ochenta (el coeficiente de Gini promedio era 0.28 entonces) y finales de la década de 2000 (con un coeficiente de Gini promedio de 0.31). Para una definición del coeficiente de Gini, véase la gráfica sobre la evolución de la desigualdad en China e India en el capítulo 5.

Fuente: OCDE (2011), *Divided We Stand: Why Inequality Keeps Rising.*
StatLink http://dx.doi.org/10.1787/888932780209

Confederación Europea de Sindicatos (ETUC, por sus siglas en inglés), los empleos de medio tiempo como proporción de los 4 millones de puestos de trabajo creados en la Unión Europea en 2006 han aumentado. En 2008, 40 millones de trabajadores de la UE trabajaban medio tiempo, en comparación con 32 millones hace 10 años. Alrededor de 14.5% de los trabajadores europeos cuentan con contrato a término fijo, en comparación con

11.5% en 1997. De acuerdo con la ETUC, los jóvenes en toda Europa —y hasta 50% de quienes tienen entre 16 y 25 años de edad— están sujetos a este tipo de contrato. En Suecia, 68% de los jóvenes trabajan con contrato a término fijo.

En general, el panorama muestra cierta incertidumbre en los empleos no especializados en los países de la OCDE, derivada en parte de una mayor competencia de los países con bajos salarios, donde las leyes y prácticas suelen otorgar menos protección a los empleados.

Mejoramiento de la calidad del empleo en los países emergentes

Uno de los lados oscuros de la globalización son las fábricas de explotación laboral, talleres dirigidos por subcontratistas de las grandes marcas en las que los empleados se desgastan trabajando largas jornadas por un salario de subsistencia. De igual modo, la mano de obra infantil y la esclavitud moderna son realidades en muchos países. Algunos empresarios sin escrúpulos se establecen en países donde la pobreza es tan extrema que los trabajadores están dispuestos a hacer grandes sacrificios. A veces, la carrera global por los salarios más bajos y la legislación social más laxa conduce a situaciones en las que las relaciones laborales parecen la ley de la selva. Los países no siempre cuentan con la infraestructura administrativa ni jurídica necesaria para aplicar las leyes laborales más fundamentales.

No obstante, la globalización también puede conducir a mejores condiciones de empleo en los países en desarrollo y, sobre todo, en los países emergentes. Muchas multinacionales que se han establecido ahí para fabricar y vender productos y servicios importan sus normas de calidad original y sus buenas prácticas. Las compañías locales que se han asociado con las multinacionales observan niveles de productividad más altos que los competidores que no tienen esta experiencia. En general, las multinacionales pagan a sus empleados salarios más elevados que las compañías locales. De igual modo, su tasa de sindicalización es ligeramente más alta, salvo en Medio Oriente.

Considerando lo anterior, estas repercusiones positivas pudieran beneficiar principalmente a los trabajadores más preparados, en contraste con los obreros que realizan tareas menores o rutinarias. Ciertos estudios realizados recientemente en Brasil e Indonesia muestran que cuando una compañía extranjera adquiere un negocio local, los salarios suben rápidamente entre 10% y 20% en promedio. Sin embargo, no contamos con cifras suficientemente precisas como para evaluar de qué manera se distribuyen tales ganancias.

Las mejoras que traen consigo las multinacionales no siempre son automáticas ni espontáneas. La presión moral que ejercen las ONG, los sindicatos y la sociedad civil pueden producir salarios más altos y mejores condiciones laborales en las subsidiarias o los subcontratistas de las multinacionales. En los últimos años, distintos conglomerados internacionales han iniciado programas internos de responsabilidad social corporativa (RSC) que, no obstante sus bondades, no siempre son tan eficaces en la práctica. Prueba de ello es el ejemplo de Nike (véase el recuadro).

Responsabilidad social corporativa (RSC): resultados ambivalentes para Nike, Inc.

En la actualidad, el impacto de los programas de responsabilidad social corporativa (RSC) sobre las condiciones laborales parece limitado.

La principal dificultad radica en elevar las condiciones del empleo en un ambiente competitivo muy tenso. Nike, el fabricante estadounidense de equipo deportivo, es un ejemplo al caso. La marca sólo tiene 24 000 empleados directos. Casi toda su producción está subcontratada con unos 800 fabricantes en 51 países. A principios de los noventa, Nike había sido objeto de una campaña mediática muy negativa porque salió a la luz que sus subcontratistas incluían a menores en su plantilla laboral. En reacción, Nike creó un sistema de control de proveedores sumamente estricto. En 2004, para asegurarse de que sus subcontratistas respetaran el código de conducta, Nike empleaba a 80 supervisores e inspectores de RSC. A pesar de este ejército de interventores, 80% de los proveedores externos de Nike no lograron aplicar ni seguir el código prescrito por la alta dirección en Estados Unidos. Las visitas de los interventores han tenido, hasta ahora, efectos muy limitados.

A manera de conclusión...

Si deseamos evaluar objetivamente el efecto de la globalización en el empleo, nuestra visión debe ser más amplia: en general, la globalización crea más empleos de los que destruye. Pero ello no debería ser motivo de celebración. Para los miles de trabajadores que pierden su trabajo o su poder adquisitivo debido a la deslocalización o la pérdida de competitividad de su empresa, no es ningún consuelo saber que hay muchos puestos vacantes ni que están subiendo los salarios en otros sectores o países.

Los gobiernos no pueden ignorar a los "perdedores" de la globalización, quienes trabajan en sectores debilitados por la competencia internacional. La crisis económica de 2008 causó que las tasas de desempleo en la zona de la OCDE se dispararan. Para el primer trimestre de 2010, el empleo había disminuido 2.1% en un periodo de dos años y el desempleo había aumentado poco más de 50% a 8.7%, es decir, 17 millones de desempleados más.

A diferencia de recesiones previas, la crisis llevó a los gobiernos a tomar medidas sin precedentes para atajar el desempleo y ayudar a los trabajadores a capear el temporal. Se aplicaron tres tipos de medidas principales que, si bien no estuvieron dirigidas específicamente a la pérdida de empleos debida a un menor comercio internacional, sí abordaban la problemática.

En primer lugar, los gobiernos (de Alemania y de varios países europeos, tales como Hungría) intentaron impedir la pérdida de puestos de trabajo mediante programas de empleo de medio tiempo. Su objetivo era disminuir las jornadas para toda la fuerza laboral, mientras duraban las dificultades económicas, con el fin de retener los empleos en la compañía. Puesto que esto significaba salarios más bajos, los gobiernos se comprometieron a compensar parte de la pérdida. Dado que el objetivo de estos mecanismos de financiamiento público es preservar los empleos que son viables a largo plazo, deben calendarizarse (limitarse, por ejemplo, a un año). De otra manera, el riesgo es que los gobiernos tengan que financiar permanentemente empleos que ya no son competitivos. Los Países Bajos fueron incluso más allá: las compañías que despidieron a trabajadores antes de transcurridos seis meses después de haber recibido los últimos subsidios tuvieron que devolver a las autoridades la mitad de este dinero.

En segundo lugar, los gobiernos (incluido Japón) buscaron apoyar proactivamente a los desempleados al brindar los subsidios disponibles también a los trabajadores temporales sin empleo. Esta medida siempre se ha aplicado según las necesidades, pero aun así resultó muy útil para las personas desempleadas en situación de fragilidad económica.

Por último, los gobiernos aumentaron proactivamente su apoyo a los programas para ayudar a la gente a volver a su trabajo. El presupuesto gubernamental se elevó considerablemente para, por ejemplo, contratar a más personal en los servicios de empleo público. Durante los periodos de crecimiento económico, lo recomendable sería que los gobiernos se centraran en la adaptabilidad de las personas al empleo. Sin embargo, esto no basta en épocas de crisis. Necesitan incrementar el número de programas de capacitación y financiar la obtención de experiencia laboral, etcétera.

La mayoría de estas medidas han sido temporales ya que fueron concebidas como respuesta a una situación excepcional. De manera progresiva, varios gobiernos las han ajustado o concluido a fin de mantener la flexibilidad del mercado laboral y garantizar la competitividad.

Las medidas de largo plazo capaces de preservar los niveles de empleo y disminuir las desigualdades sin mermar la competitividad son las que se incluyen en las políticas fiscales y de redistribución social y que, muy importante, se conciertan con la sociedad civil (véase la conversación con Paul Swaim más adelante). También es fundamental que los gobiernos insistan en políticas de formación y capacitación vitalicia, si es que desean responder más adecuadamente a los efectos negativos de la globalización. Esto debe considerarse prioritario, pues sólo así la globalización podrá promover el trabajo para las compañías y los trabajadores.

Una conversación

Paul Swaim, Directorado de Empleo, Trabajo y Asuntos Sociales de la OCDE

"Para remediar los efectos negativos de la globalización sobre el empleo en algunos sectores, debemos ayudar a los trabajadores a adaptar su preparación o expectativas a los sectores más prometedores desde el punto de vista del empleo."

La crisis financiera transformada en económica que se originara en Estados Unidos repercutió severamente y como nunca antes en las economías más desarrolladas, que padecieron un desempleo sin precedentes. ¿No desmuestra tal crisis que la globalización destruye los puestos de trabajo?

La relación entre la pérdida de empleo y la globalización no es tan obvia como parece. Por supuesto, la crisis causó una cuantiosa pérdida de puestos de trabajo en la mayoría de las economías, sobre todo en la construcción y la industria. Pero la pérdida de empleo en la construcción estuvo menos relacionada con el comercio internacional, mientras que la industria resultó más afectada de lo que se esperaba. Ello probablemente se debió a la disminución del comercio internacional, que fue más marcada de lo anticipado.

Dicho esto, aunque el comercio internacional registró un notable declive en Alemania, por ejemplo, su tasa de desempleo fue relativamente moderada. Esto se debió en parte a que los empleadores adoptaron una visión de largo plazo y prefirieron preservar su fuerza laboral con el fin de ser más competitivos cuando llegara la recuperación.

La globalización innegablemente aceleró la difusión de la crisis —primero al sector financiero, luego a las empresas, luego al empleo— con una rapidez y gravedad inesperadas, debido a las redes de producción y comercio muy integradas en los distintos países.

Hace poco vimos que la recuperación en China y otros países emergentes ha resultado fundamental para la fuerte recuperación de Australia, Alemania y Corea, gracias al dinamismo de sus exportaciones. Aunque la globalización puede ayudar a diseminar lo malo, también difunde los beneficios en periodos de prosperidad económica.

En términos de la cantidad de empleo, me parece que la globalización es más un catalizador que una causa subyacente.

¿Acaso no repercute la propia globalización en la tasa de ocupación en determinados sectores?

La globalización va de la mano con un descenso de la competitividad de algunos sectores industriales como los textiles o los aparatos electrónicos de venta masiva en los países desarrollados; de ahí la pérdida de puestos de trabajo en esos sectores. No obstante, resulta difícil evaluar el impacto de la globalización en el número de empleos en el mundo. La apertura al mercado global no necesariamente conduce a una pérdida de empleos. En los años previos a la crisis, los países más abiertos —como Escandinavia o Suiza, donde los salarios eran muy altos— no vieron mermar su mercado laboral.

Si estudiamos los países de la OCDE desde principios de los noventa, los niveles de empleo aumentaron antes de la crisis aun si sus economías se encontraban cada vez más integradas. Después de un máximo a principios de este siglo, la tasa de desempleo empezó a descender. Para 2007, en el apogeo del ciclo económico más reciente, la tasa de desempleo promedio en los países de la OCDE había alcanzado mínimos no vistos desde 1980. La liberalización comercial también ha significado que cierto número de países en desarrollo y emergentes está ejerciendo presión para mejorías en el mercado laboral y más empleos. Pero, de nueva cuenta, esto no fue automático. Muchos países en desarrollo no se beneficiaron de la globalización debido a que carecían de las condiciones previas necesarias, como un sistema jurídico eficaz e imparcial.

Incluso si la relación no es automática, sí implica que, en general, el comercio favorece la creación de empleos y niveles de vida más altos. Permite a los países crear especialidades —y por ende empleos— en lo que resultan ser más competitivos. En los países de la OCDE, el término "destrucción creativa" resulta bastante apropiado. Sin duda, si los gobiernos formulan políticas nacionales adecuadas para apuntalar el crecimiento y el empleo, la globalización no debería impedir un nivel de empleo siempre alto.

¿Qué hay con la calidad del empleo? ¿Acaso no fomenta la globalización una carrera hacia el abismo?

Algunas inquietudes previas a la crisis parecen justificadas. Dos indicadores salariales son bastante preocupantes.

En primer lugar, la proporción global de los

Una conversación *(Cont.)*

salarios y las prestaciones de los trabajadores respecto al PIB han estado disminuyendo desde finales de los años ochenta. La globalización tiene algo que ver. Los expertos admiten que el crecimiento del comercio con los países donde los salarios son bajos, como China o las naciones de Europa central, conduce a una compresión de los salarios en los países industrializados. Como los trabajadores en los países de bajos salarios actualmente tienen las mismas competencias que los trabajadores poco calificados de los países de la OCDE, el salario de éstos tiende a caer.

De igual modo, la globalización reduce el poder de los sindicatos para negociar salarios, pues en caso de desacuerdo, los empleadores siempre pueden amenazar con llevar la producción a otro país. Sin embargo, la globalización también aumenta el poder adquisitivo de muchos trabajadores al reducir el precio de toda una serie de bienes de consumo que se utilizan en la vida cotidiana. Por otro lado, no todos los trabajadores en los países desarrollados pierden por el lado del salario. El sueldo de los trabajadores altamente calificados en los segmentos de alta tecnología ha aumentado.

Entonces, ¿la calidad del empleo evoluciona de manera diferente dependiendo del grado de especialización?

Esto nos lleva a la segunda inquietud: la brecha entre la cúspide y la base de la pirámide salarial está ampliándose. Este fenómeno se observa en dos terceras partes de los países de la OCDE. La brecha lleva buen tiempo ensanchándose en Estados Unidos y el Reino Unido. Y aunque las desigualdades no eran tan pronunciadas en Europa continental, la diferencia salarial se ha intensificado en los últimos 20 años más o menos. Varios estudios demuestran que la fragmentación del poder sindical desempeña un papel importante al respecto.

La desigualdad salarial fue menos pronunciada en Europa que en Estados Unidos debido principalmente al grado de injerencia de los sindicatos en el cálculo de los salarios. Los países escandinavos solían tener un sistema de consulta social particularmente avanzado. Ahora están alejándose de este modelo para acercarse a una mayor descentralización y dar más margen a las discusiones sectoriales en las bases. En estos momentos resulta difícil predecir qué tan lejos llegará este proceso,

pero con el aumento de la competencia internacional, es probable que la solidaridad entre los distintos segmentos sociales no será tanta como en la década de 1960.

Por supuesto, no podemos alinear todos los salarios, pues hacerlo tendría un efecto negativo en la productividad y la competitividad. Sin embargo, para mantener un nivel de desigualdad aceptable, algunos mecanismos dañan menos la competitividad que otros (por ejemplo, la transferencia de ingreso por parte de las autoridades públicas, los sistemas fiscales redistributivos, el apoyo a la educación y la capacitación).

Así que, ¿se ha demostrado que la globalización aumenta la desigualdad salarial?

Las desigualdades crecientes no sólo se derivan de la globalización. En Estados Unidos, hace 10 años el consenso era que la desigualdad en aumento se debía al poder reducido de los sindicatos y a la globalización (dos factores relacionados), así como al avance tecnológico. Resulta claro que la naturaleza cambiante de la tecnología se ha convertido en un factor diferenciador importante. Hace 20 años, saber cómo utilizar bien una computadora no era un factor decisivo, mientras que hoy definitivamente lo es. Resulta difícil determinar qué ha tenido un mayor impacto en el empleo: la globalización o la tecnología. No obstante, pensamos que el desarrollo tecnológico todavía influye más en la desigualdad creciente que la integración económica global.

¿Por qué resulta fundamental la flexibilidad del empleo?

Con la globalización, es imprescindible cierta flexibilidad del empleo para la competitividad empresarial, lo que redunda en crecimiento y ello a su vez promueve el empleo. En países como Francia, donde los despidos son un asunto complicado y los empleos existentes se encuentran muy protegidos, es mucho más difícil hacerse sitio en el mercado laboral. Por lo anterior, cada vez más jóvenes están recurriendo a los trabajos temporales y a las pasantías hasta que surgen empleos interesantes.

La crisis económica reciente mostró que esta situación obliga a los trabajadores jóvenes a llevar la mayor carga de la flexibilidad laboral. Por ejemplo, durante el último año de la crisis (del cuarto trimestre de 2008 al cuarto

Una conversación *(Cont.)*

trimestre de 2009), la tasa de ocupación descendió 8.4% para los trabajadores con menos de 25 años, en comparación con la reducción de 2.2% para los trabajadores entre 25 y 54 años de edad, y un aumento de 1.7% para aquellos con más de 55 años. El resultado es un desempleo muy elevado entre los jóvenes en algunos países como España, donde uno de cada dos jóvenes en edad de trabajar está desempleado. No obstante, se vislumbra una señal de esperanza: ciertos países donde esta dualidad es muy pronunciada están tratando de introducir reformas para emparejar la protección laboral que se ofrece a ciertas categorías de trabajadores.

¿Es incompatible la globalización con la estabilidad del empleo?

Eso es irse a los extremos. Cierto grado de flexibilidad resulta imprescindible, pero ello no significa que no debiera haber ningún paliativo; todo lo contrario. Algunos países han brindado programas de capacitación a sus trabajadores textileros. Otros han creado sistemas de capacitación para los trabajadores de más edad. Su éxito no siempre puede darse por sentado; no es fácil aprender y dominar las herramientas de cómputo cuando la escuela queda lejos y la memoria no siempre ayuda. El éxito resulta caso inalcanzable porque no es garantía de que el patrón opte por contratar a un veinteañero con un grado de especialización equivalente. Nuestra investigación muestra que la mejor solución suele ser ayudar a los trabajadadores desempleados a encontrar un puesto cercano al que tenían en su sector original. Por supuesto, desde un punto de vista macroeconómico, resulta mejor ayudar a las personas a dejar los sectores decadentes para que se inserten en los sectores en desarrollo. Pero esto no necesariamente es cierto a nivel microeconómico.

Las medidas de apoyo eficaces también pueden incluir el nivel de los salarios. Algunos países someten a prueba los sistemas de protección salarial, pues saben que el empleo que una persona encontrará después de una reestructuración probablemente implicará un salario más bajo que el anterior. Estados Unidos, Francia y Alemania están probando tales sistemas. En Estados Unidos, la compañía debe demostrar que la reestructuración se debió a la competencia internacional. Pero, de nuevo, no tenemos suficiente visión

a posteriori para evaluar el impacto de tales medidas.

Las medidas que parecieron ser clave para contrarrestar los efectos negativos de la globalización en el empleo implicaron ayudar a los trabajadores a adaptar su preparación o expectativas a los sectores más prometedores desde el punto de vista del empleo. Como quiera que sea, la mejor solución no es cerrarse al comercio internacional, sino ofrecer el mejor nivel educativo posible a las generaciones jóvenes y capacitación de por vida a los trabajadores, en otras palabras, permitir a las personas subir por la escalera social más que recurrir a salarios más bajos.

¿Basta una buena instrucción escolar para encontrar trabajo en la actualidad?

Los graduados universitarios no se sienten tan privilegiados como antes. Se sienten más inseguros. Antes, 10% de la población cursaba estudios universitarios. Ahora es el 50% o hasta 80% en algunos países. Sin embargo, los altos puestos gerenciales y ejecutivos no abundan, y en algunos países hay una gran distancia entre la oferta y la demanda de tales empleos.

La sobrecalificación laboral —un exceso de preparación para cierto puesto— también es causa de desempleo.

La competencia internacional está aumentando incluso en los sectores que requieren un alto grado de especialización. Un físico de India ahora puede analizar escaneos realizados en Austria. Esto era impensable hace apenas 10 años, cuando los especialistas de Occidente ni remotamente imaginaban que ¡tendrían que competir un día con los radiólogos en Bombay! Más y más personas quieren recibir capacitación vitalicia para así poder adaptarse a los grandes avances tecnológicos, económicos y sociales. Es claro que los gobiernos deben hacer algo al respecto.

Por lo que se ha señalado, aunque en la zona de la OCDE se ha intensificado la carrera por los grados universitarios y la competencia internacional, aún hay más probabilidad de encontrar empleo si se cuenta con un alto grado educativo que si la preparación es mínima. Asimismo, las dificultades de los egresados universitarios para encontrar empleo con rapidez suelen estar más relacionadas con las políticas de empleo inadecuadas que con la globalización.

Para saber más

DE LA OCDE...

En Internet

La página "Trade and Jobs" del sitio de la OCDE resume los análisis de la Organización respecto al impacto de la globalización en el empleo y proporciona fuentes variadas, claras y útiles. *www.oecd.org/trade/tradeandjobs.htm*. El quehacer de la OCDE en materia de empleo se encuentra en *www.oecd.org/employment*.

Iniciativa de Colaboración Internacional sobre Comercio y Empleo (ICITE, por sus siglas en inglés): La ICITE, una iniciativa conjunta de 10 organizaciones internacionales (la OCDE, el Banco Mundial y la Organización Mundial del Comercio, entre otras), tiene por objeto proporcionar una mejor comprensión de cómo interactúa el comercio con el empleo, promover el diálogo al respecto y alcanzar conclusiones relevantes para la política pública. *www.oecd.org/trade/ICITE* (en inglés únicamente).

Publicaciones

OECD Employment Outlook 2011: Informe anual de la Organización respecto al empleo dentro y fuera de la zona de la OCDE. La edición de 2011 se concentra en el impacto de la crisis económica global. Aunque la mayoría de las economías está experimentando un repunte en la producción, el empleo tardará más en recuperarse. En el capítulo 1 analizamos de qué manera funcionó la red de seguridad en los países de la OCDE durante lo más intenso de la "Gran Recesión". En el capítulo 2 consideramos el efecto de los sistemas de protección social en el mercado laboral de las economías emergentes.

Divided We Stand: Why Inequality Keeps Rising (2011): En este libro de la OCDE se considera en qué grado la globalización económica, los avances tecnológicos basados en aptitudes y las reformas institucionales y regulatorias han repercutido en la distribución del salario.

Globalisation, Employment and Wages (2007): Resumen de política pública de la OCDE en el que se analizan, entre otras cosas, las consecuencias de una mayor competencia internacional en la tasa de empleo y se estudia la evolución de los salarios reales en los países de la OCDE en los últimos años.

...Y OTRAS REFERENCIAS

Prospects for Foreign Direct Investment and the Strategies of Transnational Corporations (2005-2008): Este reporte de la Conferencia de las Naciones Unidas sobre Comercio y Desarrollo ayuda a entender las estrategias de las empresas que están trasladando su producción al extranjero y sus efectos obvios en el empleo del país de origen.

7

La globalización contribuyó a acentuar los principales daños ambientales que estamos viviendo actualmente, incluso si sólo es responsable de manera indirecta. Algunas políticas nacionales, regionales e internacionales han atenuado los efectos negativos de la globalización en el medio ambiente. También pueden hallarse ciertas soluciones en los mecanismos de la propia globalización. Sin embargo, aunque son vitales, las regulaciones y los incentivos aún son pocos frente al alcance y la urgencia de los retos por delante.

¿Cuál es el impacto de la globalización sobre el medio ambiente?

A manera de introducción...

En la estación de esquí de Avoriaz, en la frontera entre Francia y Suiza, justo entre un acantilado y una enorme protuberancia rocosa de 1 800 metros de altitud, los inviernos varían de un año a otro. Los comerciantes y la oficina de turismo anhelan el cada vez más raro oro blanco. En la década de 1970, la precipitación anual acumulada de nieve era de hasta 13 metros. En la actualidad, nunca rebasa los ocho metros. En vista de lo anterior, Avoriaz está intentando diversificar sus actividades mediante una mayor inversión en el turismo de verano y la ecología. Parte de esta estrategia implica construir un complejo de deportes acuáticos con lo último en tecnología.

En 1994, 2000, 2002 y 2003 se registró la temperatura más elevada en 500 años. La temporada de 2006 fue todavía peor. La venta de boletos para telesquí en las estaciones de esquí francesas disminuyó 22% en términos interanuales. Nadie ha entrado en pánico... todavía. "La hipótesis más plausible es que las temperaturas subirán entre dos y tres grados en los próximos años", señala Guy Vaxelaire, secretario de la asociación nacional de alcaldes de estaciones de esquí en Francia. "Desde un punto de vista estadístico, esto elevaría la relación entre temporadas buenas y malas de uno en 10 a dos en 10, lo que todavía es manejable." Tal vez así sea, pero un aumento general de 1º en la temperatura de todas formas cerraría más de 160 zonas de esquí de las 666 que existen en los Alpes. De acuerdo con la OCDE, las estaciones de esquí en Alemania se encuentran en mayor riesgo incluso.

El consenso internacional es que el calentamiento global es una realidad y se ha ido agudizando desde los años ochenta. La temperatura atmosférica promedio está subiendo, principalmente en el hemisferio norte. Aunque la comunidad científica está dividida respecto a qué tanto del calentamiento global es atribuible a los seres humanos, la gran mayoría concuerda en que nuestra responsabilidad es muy real. La mayoría de los científicos, sobre todo quienes participan en el Grupo Intergubernamental de Expertos sobre Cambio Climático (IPCC, por sus siglas en inglés), consideran que el aumento en las emisiones de bióxido de carbono (CO_2) derivadas de la actividad humana es la causa principal del aumento en el calentamiento global.

Pero éste no es el único problema ambiental. La industria, el consumo en masa y la necesidad creciente de energéticos de una población global que no deja de aumentar son en parte la causa de la contaminación, el agotamiento de los recursos y la extinción de las especies. La globalización ha ocurrido en paralelo a estos efectos y en ocasiones los ha propiciado.

En este capítulo resumimos las repercusiones principales de la globalización en el medio ambiente. La concientización ha aumentado en los últimos años, pero aún no es suficiente. Debería ser posible no sólo conciliar la globalización con la preservación del ambiente, sino también actuar de manera que la globalización sirva para promover el crecimiento ecológico.

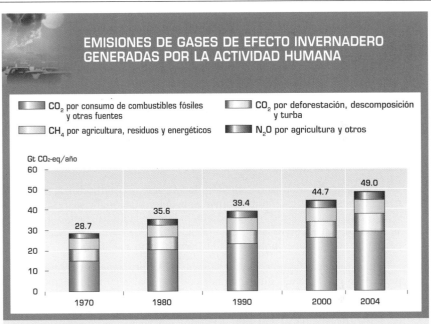

EMISIONES DE GASES DE EFECTO INVERNADERO GENERADAS POR LA ACTIVIDAD HUMANA

CO_2 por consumo de combustibles fósiles y otras fuentes

CH_4 por agricultura, residuos y energéticos

CO_2 por deforestación, descomposición y turba

N_2O por agricultura y otros

Gt CO_2-eq/año

Las emisiones de gases de efecto invernadero (GEI) han aumentado 60% en 35 años. La deforestación y la quema de combustibles fósiles son los principales responsables.

Fuente: IPCC, *Climate Change 2007: Synthesis Report*, p. 36. Contribución de los grupos de trabajo I, II y III al cuarto reporte evaluatorio del Panel Intergubernamental de Expertos sobre Cambio Climático, diagrama RiD.3(a), IPCC, Ginebra, Suiza.

La globalización es parcialmente responsable del daño ambiental

La globalización, que es casi sinónimo del incremento en el comercio internacional, ha fomentado la producción, el comercio y el consumo rápido de bienes materiales en cantidades sin precedentes. Esto ha incrementado la huella ecológica de las actividades humanas en todo el mundo. El efecto de la globalización en el ambiente aún resulta difícil de calcular pero en algunas zonas es bastante obvio.

Aumento en las emisiones de gases de efecto invernadero (GEI)

El cambio climático es uno de los principales problemas ambientales y, tal vez el más preocupante, debido a que resulta imposible pronosticar exactamente cómo se va a comportar y cuáles serán sus consecuencias. Sus causas, sin embargo, son bien sabidas. El cambio climático se debe principalmente al efecto invernadero, es decir, la retención excesiva de energía solar en la atmósfera debido a una acumulación de ciertos gases, sobre todo CO_2.

Las principales fuentes de emisión de CO_2 son la producción industrial, el transporte y, más indirectamente, la deforestación. Estas tres actividades humanas existen independientemente de la globalización, pero su incremento considerable durante el siglo XX y las últimas décadas en particular se relaciona en parte con la globalización acelerada.

La globalización favorece las emisiones de CO_2 provenientes del transporte. Como detonantes fundamentales de la globalización, los sistemas de transporte se han multiplicado en paralelo con el comercio internacional. Las emisiones del transporte terrestre (principalmente automóviles y vehículos de carga) son, por supuesto, muy elevadas, más aún dentro de las fronteras nacionales. Sin embargo, la apertura de algunas zonas (por ejemplo, la eliminación de los controles fronterizos entre los países de la Unión Europea) ha estimulado el transporte de carga por carretera. A pesar de algunas alternativas recientes que parecen alentadoras, como el transporte con remolques de camión cargados sobre un vagón de ferrocarril durante parte del trayecto, el transporte carretero transnacional es fuente de grandes cantidades de emisiones de CO_2.

Pero el principal modo de transporte que ha distinguido a la globalización en las últimas décadas es el avión. Entre 1990 y 2004, las emisiones de GEI provenientes de aeronaves se incrementaron 86%. La aviación es hoy por hoy responsable de 4% a 9% del total de emisiones de GEI que se liberan a la atmósfera. Al mismo tiempo, el transporte marítimo representa de 2% a 4% de todos los combustibles fósiles que se consumen en el planeta cada año. Aproximadamente 70% del transporte internacional de bienes hacia la UE y 95% del comercio hacia Estados Unidos se realiza por mar. El mejoramiento de las tecnologías energéticas no basta para absorber el impacto ambiental del incremento de 3% anual en el transporte marítimo.

Más allá de esto, gran parte del daño ambiental causado por el transporte se debe al aumento en el tráfico *nacional*. En el caso de la aviación, entre 2005 y 2007, las aerolíneas indias hicieron pedidos por la increíble cantidad de 500 aviones nuevos a los fabricantes Airbus y Boeing para satisfacer la necesidad de vuelos nacionales. En otras palabras, un mayor tráfico en las autopistas del comercio internacional, debido a la dinámica de la globalización, no es la única razón de que las emisiones de CO_2 relacionadas con el transporte se hayan incrementado.

La globalización promueve indirectamente las emisiones de CO_2 relacionadas con la actividad industrial y el consumo. Aunque la Revolución Industrial fue un factor de la globalización (véase capítulo 2), el aumento del comercio y la inversión transfronterizos a su vez fomentaron la actividad industrial, que suele ocasionar grandes emisiones de GEI. Por ejemplo, la generación de electricidad todavía implica en gran medida la quema de carbón, petróleo y derivados del petróleo. La intensificación de la globalización, entonces, acentuó el efecto invernadero y el calentamiento global.

Durante décadas, los países desarrollados —pioneros de la industrialización global— fueron los grandes responsables de la contaminación mundial, al emitir la mayor parte de los GEI. En la actualidad, Estados Unidos emite alrededor de 20% del total global de GEI.

Sin embargo, el rápido desarrollo de los países emergentes en los últimos años también los ha convertido en grandes contaminadores con este tipo de gases. Como hemos visto, estos países se desarrollaron en gran medida gracias a la globalización, que fomentó la industrialización de los gigantes asiáticos muchas veces a expensas del medio ambiente. Para saciar su sed de energéticos, China abre una nueva central eléctrica de carbón cada semana. Aunque el carbón es el combustible fósil más barato y abundante, también es el más contaminante. El crecimiento vertiginoso de la flota de transporte y la urbanización acelerada en China convirtieron a este país en el principal emisor de CO_2 en 2007, por delante de Estados Unidos. Pero, por otro lado, el gigante asiático también se ha embarcado en programas drásticos de energía renovable en los últimos años. Sin embargo, cada día, los países emergentes se dejan llevar un poco más por la lógica del consumo masivo asociado a la globalización. Esto significa que serán los mayores responsables del aumento de las emisiones de GEI en los próximos años (véase la conversación con Brendan Gillespie al final de este capítulo).

La globalización fomenta la deforestación. La deforestación es causa indirecta pero muy significativa del efecto invernadero. El desmonte y la tala reducen la cantidad de CO_2 que las plantas convierten en oxígeno. Esto implica el incremento equivalente de la cantidad de CO_2 en la atmósfera y, por ende, se suma al efecto invernadero. Además, la quema de la madera talada libera grandes cantidades de CO_2. En total, se estima que las emisiones derivadas de la deforestación representan aproximadamente 20% de la concentración incrementada de GEI en la atmósfera. Entre 1990 y 2005, el mundo perdió 3% de sus bosques. Alrededor de 200 km^2 de bosques, dos veces la superficie de París, desaparecen diariamente.

La globalización suele ser una aliada de la sierra. La tala inmoderada se debe más que nada a la conversión de los bosques en terrenos para siembra, sobre todo en los países en vías de desarrollo. Tomemos como ejemplo a Brasil. Durante poco más de 10 años, gran parte de su agricultura estuvo orientada a las exportaciones. Entre 1996 y 2003, las exportaciones brasileñas de soya a China se dispararon de 15 000 toneladas a seis millones de toneladas. Este dinamismo implicó la deforestación y conversión de gran parte de la selva húmeda en tierra de cultivo.

Al igual que gran parte del daño causado al ambiente, el impacto de la deforestación no sólo lo resiente la propia naturaleza sino las personas, sobre todo las más vulnerables. Las regiones más pobres son las más afectadas por el calentamiento global. En el mediano plazo, la ONU no descarta un repunte de la pobreza a raíz de la desertificación y la escasez creciente de agua. Para 2060, la sequía podría transformar en yermo 90 millones de hectáreas de África subsahariana. Alrededor de 1 800 millones de personas podrían carecer de agua en los próximos 70 años. Asia central, el norte de China y los Andes están particularmente en riesgo.

Asimismo, el calentamiento global bien pudiera ser una de las causas del aumento en la cantidad de desastres naturales, como huracanes, tormentas e inundaciones en los últimos años. Aproximadamente 262 millones de personas en todo el mundo fueron víctimas de algún desastre natural entre 2000 y 2004.

Si a esto le añadimos que entre 20% y 30% de todas las especies vivas podrían desaparecer si la temperatura global media subiera 3 °C, salta a la vista que la naturaleza no necesitaba esto: además del calentamiento global, la actividad del ser humano en el siglo XX ya dejó una marca indeleble en los ecosistemas del mundo.

Empobrecimiento de la biodiversidad

Una gran cantidad de especies se han extinguido en las últimas décadas. De nuevo, el vínculo entre su extinción y la globalización es indirecto. Las actividades del ser humano (sobre todo la industria, debido a la contaminación de los ecosistemas), la mancha urbana, las unidades agrícolas y la minería —que desplazan a ciertas especies— no son *per se* resultado de la globalización. Sin embargo, la globalización implica la multiplicación de los canales de distribución, lo que crea nuevas necesidades y nuevas demandas de productos que se utilizan en el mundo entero. Ello acentúa la industrialización y la búsqueda y explotación de tierras, subsuelo y recursos nuevos, con el subsecuente debilitamiento de muchos ecosistemas.

El ejemplo de la pesca es particularmente revelador. La sobreexplotación ha acabado con algunas especies de peces marinos. Las poblaciones del bacalao del Atlántico, otrora una de las especies más abundantes en aguas canadienses, vieron su fin en la década de 1970, diezmadas por la sobrepesca y la demanda global irrefrenable. El atún de aleta azul del Mediterráneo ha encontrado el mismo destino. Considerado una exquisitez en Japón, se encuentra en vías de extinción debido a la sobreexplotación.

De acuerdo con la Unión Internacional para la Conservación de la Naturaleza (UICN), 22% de los mamíferos del mundo pudieran extinguirse, así como 24% de las especies de ofidios, 31% de los anfibios y 35% de las aves.

La flora también se encuentra en riesgo. La apertura de los mercados internacionales y la caída en el precio de las comunicaciones han puesto algunas materias primas y productos agrícolas exóticos al alcance del bolsillo de los consumidores en los países desarrollados. La demanda creciente poco a poco aumentó la presión sobre algunas plantas. Tomemos como ejemplo la isla de Borneo. El gusto popular por los muebles y otros utensilios hechos de maderas exóticas ha puesto a varias especies de árboles, como la teka, en la categoría de especie amenazada. Asimismo, la dependencia cada vez mayor de las agroempresas respecto del aceite de palma y las necesidades de la industria papelera son causa medular de la gigantesca deforestación del bosque pluvial de Borneo. Sumemos a esto la urbanización galopante y, a este paso, una cuarta parte de la flora y la fauna de Borneo desaparecerá de la Tierra en pocos años. En los últimos 15 años, la selva se ha reducido con más rapidez en el Pacífico y Asia meridionales que en cualquier otra parte del mundo. Los bosques en América Latina y África subsahariana también han sido arrasados.

Al igual que la mayoría de los problemas ambientales, este cataclismo predecible de la biodiversidad tiene un costo económico. Un descenso en la polinización de la flora (incluidos los cultivos) podría ocasionar una reducción en la producción. Los países necesitarán invertir más en la purificación del agua, etc. De acuerdo con ciertas estimaciones, los daños totales al ecosistema podrían ocasionar pérdidas anuales de USD68 000 millones a la economía mundial.

La espiral positiva del desarrollo, que se encuentra parcialmente relacionada con la globalización, se enfrenta a un enorme reto. A este paso, el Fondo Mundial para la Naturaleza (WWF, por sus siglas en inglés) pronostica que, de no darse un cambio, para 2030 la humanidad agotará anualmente el doble de los recursos que produce el planeta cada año.

Una movilización política desigual

Durante varias décadas, hemos sido testigos de cierto grado de conciencia ambiental entre quienes toman las decisiones políticas. Aunque parte del daño al ambiente se deriva directa o indirectamente de la globalización, las soluciones también radican en una mayor cooperación política internacional. Sin embargo, todos los niveles de toma de decisiones deben movilizarse.

Como en el caso del desarrollo y el empleo, **depende en parte de los encargados del diseño de políticas *nacionales* prevenir o reparar el daño ambiental que se deriva, en parte, de la globalización.**

El número creciente de zonas naturales protegidas en todo el mundo desde el siglo pasado evidencia una mayor conciencia de la necesidad de preservar la biodiversidad. El número de reservas y zonas naturales protegidas se ha multiplicado casi por veinte desde finales de la Segunda Guerra Mundial. En 2006, aproximadamente 20 millones de km^2 de terreno y agua quedaron bajo protección, más del doble de la superficie de China. Sin embargo, vastas extensiones del orbe siguen siendo vulnerables y están desprotegidas. La preservación del bosque pluvial sigue siendo un reto en la Amazonia (véase la conversación con Brendan Gillespie al final del capítulo). Brasilia ha prometido reducir 70% el impacto de la tala del bosque pluvial en la selva amazónica para 2018.

Se están tomando muchas medidas en el plano nacional, sobre todo —aunque no exclusivamente— en los países desarrollados, para combatir el calentamiento global y reducir las emisiones de CO_2: el uso obligatorio de convertidor catalítico en los automóviles, los filtros de partículas para la industria, los subsidios para aislar las construcciones y evitar la pérdida de energía, etc. Resulta imposible hacer una lista exhaustiva de todas las obligaciones o incentivos ambientales dirigidos a las personas físicas y morales en los países de la OCDE. Sin embargo, no hay duda de que en los últimos 30 años más o menos, las medidas y campañas nacionales han dado algunos frutos, por lo menos en lo que respecta a crear conciencia. En la zona de la OCDE, el ciudadano promedio nunca se ha preocupado tanto como ahora por la preservación del hábitat.

No obstante, una de las características del daño ambiental es que no respeta fronteras. Esto significa que a veces es necesario recurrir a tratados *bilaterales* (entre dos países) o *regionales* (entre países de la misma zona geográfica). Esto ya se ha hecho en el pasado, con cierto grado de éxito. Durante varias décadas, las emisiones industriales de las fábricas estadounidenses crearon nubes de partículas químicas que provocaron lluvia ácida en las regiones canadienses que colindan con Estados Unidos. En 1991, el acuerdo de calidad del aire entre ambos países impuso controles estrictos a las emisiones industriales. Desde entonces, la lluvia ácida se ha vuelto mucho menos frecuente. Asimismo, algunos acuerdos comerciales bilaterales ahora incluyen cláusulas ambientales, como la eliminación de subsidios a las actividades que repercuten negativamente en el medio ambiente.

Algunas reglas aceptadas *regionalmente* son la expresión concreta de un deseo de proteger el entorno. Un ejemplo de esto es el programa REACH de la Unión Europea, que pretende limitar la proliferación de sustancias químicas peligrosas o potencialmente peligrosas. Este programa condujo a una regulación europea cuya aplicación se controla rigurosamente, a veces para disgusto de los industrialistas europeos, quienes lamentan la pérdida de competitividad que se deriva de estas regulaciones frente a competidores de otras regiones que no aplican estas mismas restricciones. Este argumento plantea la pregunta fundamental de qué tan útiles son las regulaciones ambientales si se las limita a unas cuantas regiones del mundo. Algunos desafíos ambientales, como el calentamiento global, no tienen fronteras y no pueden resolverse sólo mediante acuerdos bilaterales o regionales.

Algunas acciones coordinadas *globalmente* logran buenos resultados. Varios países han firmado acuerdos que restringen las emisiones de dióxido de nitrógeno (NO_2), las principales culpables de la lluvia ácida, aunque ésta ahora se considera mucho más inusual en todo el mundo. Lo mismo sucede con los clorofluorocarbonos (CFC) que emiten los sistemas de refrigeración. Las emisiones de CFC, la causa de la preocupante degradación de la capa de ozono (que protege la superficie de la Tierra contra las peligrosas radiaciones solares), se han reducido drásticamente gracias al Protocolo de Montreal que firmaron varios gobiernos en 1987. En 2006, la Organización Meteorológica Mundial (OMM) señaló que la capa de ozono se estaba reconstituyendo en los polos. Cuando la comunidad internacional se pone en marcha, puede lograr algunos éxitos ambientales.

Pero **la cooperación internacional en los asuntos ambientales aún es insuficiente.** Tal es el caso del calentamiento global. Y, no obstante, desde finales de la década de 1980, los gobiernos han empezado a cooperar como nunca antes para resolver este problema acuciante. En primer lugar, la creación del Grupo Intergubernamental de Expertos sobre el Cambio Climático (IPCC, por sus siglas en inglés) dentro del marco de la ONU permitió a los científicos internacionales analizar las causas del calentamiento, como vimos en la introducción de este capítulo. Después, la Conferencia de Río de 1992 permitió a más de 150 gobiernos iniciar un proceso cuyos primeros avances concretos quedaron registrados oficialmente en el Protocolo de Kioto de 1997. Mediante este tratado, cada país desarrollado se comprometió a reducir 5% en promedio sus niveles de emisión de CO_2 para 2008-2012, en comparación con los registrados en 1990.

A pesar de esta movilización sin precedentes de la comunidad internacional y de la eficacia probada de ciertas medidas, como los regímenes de compraventa de derechos de emisión, el Protocolo de Kioto no es suficiente. Estados Unidos, por ejemplo, no lo firmó. Asimismo, el tratado no fue vinculante para los países en desarrollo, dado que se concentró en los principales emisores de CO_2. Pero como ya hemos visto, los países emergentes también se han convertido en grandes emisores de CO_2.

Muchos consideraron un fracaso la Conferencia de Copenhage de diciembre de 2009, que supuestamente iba a darle continuidad a la dinámica de Kioto, principalmente porque los 180 gobiernos participantes no alcanzaron un acuerdo cuantificado respecto a las reducciones de los GEI. La Conferencia de Cancún de 2010 y la de Durban, de 2011, remediaron algunas de las fallas en Copenhague: establecieron el objetivo de que el calentamiento global no excediera la media de 2 °C frente a los niveles previos a la industrialización y crearon varias herramientas para orquestar las acciones de los países en este sentido, de acuerdo con su grado de desarrollo. El acuerdo de Río+20, firmado en junio de 2012, no logró ningún avance importante.

Aunque decepcionaron, los acuerdos internacionales en materia climática —desde el de Kioto hasta el de Durban— tuvieron el mérito de asegurar que los políticos estuvieran conscientes de los intereses ambientales. El simple hecho de que los jefes de Estado de los países más contaminantes se reunieran en el mismo foro para abordar las cuestiones ambientales es un buen avance.

El resultado de las medidas nacionales e internacionales tomadas en las últimas décadas es que, **durante los últimos 30 años, las naciones desarrolladas han contaminado con más lentitud.** Desde 1980, la huella ecológica de los países desarrollados se ha disociado del crecimiento del PIB (véase gráfica). Respecto a los GEI, su reducción se ha debido en parte a la transición de una economía industrial a una de servicios que, por definición, es menos contaminante.

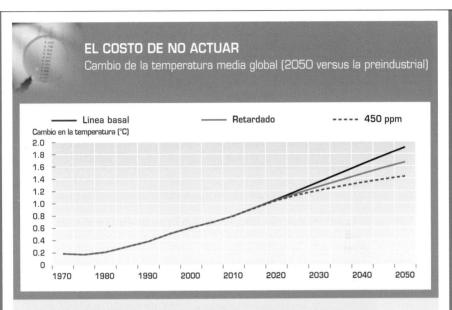

EL COSTO DE NO ACTUAR

Cambio de la temperatura media global (2050 versus la preindustrial)

La temperatura global seguirá aumentando hasta 2020. Luego, todo dependerá de la eficacia y los alcances de los planes para reducir las emisiones de GEI. El escenario de línea basal refleja la posible evolución si nada cambia. El escenario de "450 ppm" es el más ambicioso de los tres y presupone un impuesto progresivo para limitar las concentraciones atmosféricas de largo plazo de 450 partes por millón (ppm) de CO2 equivalente. Esto reduciría aproximadamente 40% las emisiones para 2050, en comparación con los niveles de 2000.

Fuente: OCDE (2008), *Environmental Outlook to 2030*, OECD Publishing, París.
StatLink http://dx.doi.org/10.1787/888932780228

La globalización es una guía para las soluciones ambientales

Como ya hemos visto, la globalización es indirectamente responsable del daño ambiental. Como ocurre en otras esferas —por ejemplo, el desarrollo, el empleo y las finanzas—, realza tanto los problemas como los beneficios. No obstante, la globalización también puede contribuir con la reducción y prevención del daño ambiental. Por ejemplo, el comercio internacional puede ayudar a difundir las soluciones ambientales más complejas, sobre todo las relacionadas con el calentamiento global.

La globalización del comercio y la investigación también es aplicable a las tecnologías verdes. La industria, el movimiento global de los capitales, y la investigación e innovación globalizadas, pueden ayudar a promover las fuentes del "crecimiento verde" y son instrumentos particularmente eficaces para combatir la contaminación y el cambio climático a escala global.

La inversión pública y privada internacional en las tecnologías ambientales es cada vez más cuantiosa. A finales de 2008, los fondos estadounidenses de capital de riesgo habían invertido cerca de USD2 800 millones en tecnologías verdes alrededor del mundo, una cifra récord a pesar de las difíciles condiciones del mercado. Los biocombustibles, así como la energía renovable, eólica y, sobre todo, la solar, están en buena racha. Entre julio y septiembre de 2008, el capital de riesgo total invertido en la energía solar representaba USD1 500 millones. En paralelo, los gobiernos invirtieron más en la investigación de tecnologías ambientales. El dinamismo de la investigación y la industria "verdes" es prometedor: la búsqueda de soluciones para el ambiente fomenta nuevas actividades y nuevos productos, pero también nuevos procesos de producción, los cuales pueden circular rápidamente gracias a la red de comercio y producción de la globalización.

La globalización puede armonizar la conservación ambiental y el desarrollo. La resolución de los problemas ambientales a veces se ve obstaculizada por la competencia económica internacional, que implica pérdida de terreno para las compañías si gastan dinero en las iniciativas ambientales. Los países en desarrollo consideran que los desarrollados son los principales culpables y ven en las iniciativas ambientales un medio para que las naciones más avanzadas mantengan su ventaja económica. No obstante, las soluciones ambientales deben incluir mecanismos de mercado internacionales.

El sistema de compraventa de derechos de emisión de CO_2 creado dentro del marco del Protocolo de Kioto va muy bien con la dinámica de la globalización. Este sistema puede aplicarse en las compañías de distintos países, incluidas las naciones en desarrollo, donde pueden estimular la inversión ecológica. Además del derecho a comprar y vender permisos de emisiones, el Protocolo de Kioto incluye un sistema de incentivos para incrementar la participación de los países en desarrollo en la reducción de las emisiones de GEI y, al mismo tiempo, estimular su economía: el Mecanismo para un Desarrollo Limpio (MDL) permite a las compañías en los países desarrollados recibir derechos de emisión adicionales cuando invierten en proyectos industriales menos contaminantes en los países en desarrollo. Se han obtenido algunos resultados positivos, sobre todo en

China, pero el proceso mejoraría si se simplificaran ciertos procedimientos y se incluyeran a más países en desarrollo.

Independientemente de estos mecanismos (que requieren cierto tipo de marco institucional preliminar), la globalización corporativa promueve las transferencias de tecnología limpia de los países desarrollados a aquellos en vías de desarrollo. Las multinacionales, que durante mucho tiempo no se preocuparon gran cosa por el ambiente, también pueden ser aliadas valiosas en el combate contra el calentamiento global. Además, son vías importantes para transferir las tecnologías y las buenas prácticas ecológicas por estar familiarizadas con los estándares y las prácticas ambientales en los países en desarrollo. En la actualidad, las compañías europeas más importantes equipan a las megalópolis chinas con plantas para el tratamiento de aguas residuales y sistemas de recolección de basura y reciclaje que utilizan tecnologías de avanzada.

A pesar de sus fallas, los acuerdos de Copenhague, Cancún y Río sí estimulan una mayor concentración de la ayuda internacional para el desarrollo —una de las facetas de la globalización financiera— en los programas económicos que promueven la conservación ambiental. Asimismo, las campañas de las ONG sobre concientización ambiental están cambiando las actitudes poco a poco, en el Norte tanto como en el Sur.

En general, estos acontecimientos han favorecido la conciencia ambiental en los países emergentes. Durante los Juegos Olímpicos de Beijing, las autoridades chinas introdujeron una prohibición parcial al tráfico de automóviles en la ciudad. A quienes toman las decisiones les preocupa cada vez más el ambiente. El repunte de las enfermedades relacionadas con la contaminación y los subsecuentes costos para la salud pública también son incentivos para la acción política.

A manera de conclusión...

Las emisiones de GEI seguirán aumentando. La temperatura media del planeta subirá y se perderá más biodiversidad. El grado de estos incrementos dependerá del alcance y la eficacia de las medidas que se adopten globalmente. La voluntad política podría desacelerar el fenómeno. Los gobiernos, las compañías y los ciudadanos deben hacer más en muchos sentidos. Deben considerar todo lo que está en juego para no desperdiciar su energía e insistir en las acciones menos costosas. Mejor aún: deberían concebir, aplicar y promover acciones que protejan el ambiente pero también generar riqueza y empleo. Éste es el espíritu del "crecimiento verde" que defiende la OCDE y muchas organizaciones internacionales.

El calentamiento global es un reto urgente al que no están prestando suficiente atención quienes toman las decisiones globales. La globa-

7. ¿Cuál es el impacto de la globalización sobre el medio ambiente?

lización es compatible con un ambiente saludable y rico en recursos que pueda satisfacer de manera sostenida las necesidades de generaciones futuras, siempre y cuando siga el camino de la sustentabilidad.

Una conversación

Brendan Gillespie, director de la División de Desempeño Ambiental e Información, Directorado de Medio Ambiente, OCDE

¿Cuál es el impacto de la globalización en el medio ambiente?

No hay una respuesta única a esa pregunta. Por ser un factor que estimula el crecimiento, la globalización impacta en el medio ambiente. Al mismo tiempo, gracias a la información y el conocimiento, el público está mucho más consciente de los problemas ecológicos, y ello ha generado mayor movilización. En teoría, los recursos pueden utilizarse más racionalmente gracias al incremento en el comercio y la inversión. Pero por el momento, parece que los efectos ambientales negativos de la globalización son más evidentes. Por ejemplo, enseguida viene a la mente la contaminación relacionada con el transporte.

¿Es la proporción creciente del transporte — en las emisiones totales de CO_2 en el mundo— una de las causas de que se haya agudizado el calentamiento global?

La proporción creciente del transporte en las emisiones totales de CO_2 ha aumentado en los últimos años, pero sigue siendo pequeña en términos absolutos. Se ha hablado mucho de los "kilómetros de carbono" para evaluar la huella ecológica del comercio internacional. Algunos piensan que, para limitar las emisiones de CO_2, los europeos deberían elegir vinos locales en vez de chilenos y dejar de comprar flores kenianas. Sin embargo, estas conclusiones suelen ser cortas de miras porque no toman en cuenta todo el panorama global. Por

ejemplo, cultivar flores en Kenia consume en total menos combustibles fósiles que cultivarlas en el norte de Europa, incluido el transporte.

Algunos piensan que la tecnología para capturar carbono podría perfeccionarse para 2020. Al mismo tiempo, el consumo de carbón podría cuadruplicarse en China. Muchas personas están apostando a que las tecnologías mejoradas brindarán soluciones para el calentamiento global que aún no podemos imaginar. ¿Podemos darnos el lujo de esperar dichas tecnologías?

Es cierto, la innovación tecnológica puede desempeñar un papel importante en el combate del cambio climático. Las políticas públicas que promueven las tecnologías verdes se están multiplicando. Si las tecnologías limpias existentes estuvieran más al alcance de las personas, ya estaríamos viendo una reducción drástica de las emisiones de CO_2. Un ejemplo clásico: si todos los televisores y las computadoras tuvieran un interruptor que apagara automáticamente el suministro eléctrico, el ahorro de energía sería tremendo.

Otro ejemplo: las bombillas incandescentes, que consumen más energía y duran menos que las ahorradoras, ahora están prohibidas en Australia.

Respecto a los recursos hídricos, estamos viendo un gran desperdicio en muchos países desarrollados, que utilizan —casi siempre con poca eficiencia— 70% del agua disponible para la agricultura. El problema se debe en parte al costo extremadamente bajo del agua para los usuarios. Si estos

Una conversación *(Cont.)*

agricultores utilizaran más extensamente las técnicas probadas de goteo, como en Australia e Israel, ahorrarían millones de litros. Por supuesto, ello implicaría una inversión, pero dado el costo real a largo plazo de los modos de consumo actuales, el rendimiento de la inversión será palpable.

¿Quién debería sufragar estas inversiones?

En la OCDE, llevamos tiempo insistiendo en los principios de "contaminador pagador" y "usuario pagador". Las políticas ambientales deberían hacer que el precio de los productos reflejara el costo ambiental. Al mismo tiempo, los consumidores deben pagar por ciertos servicios ambientales, como el acceso al agua potable. Transportar agua de una presa a la cocina cuesta mucho dinero.

Es cierto que las inversiones requeridas pueden ser tan costosas que no se amortizarán hasta dentro de 30 o 40 años, así que probablemente es mejor considerar las infraestructuras hídricas como "bienes públicos" y movilizar fondos públicos para financiarlas. Lo mismo es aplicable a la atención médica. La contaminación causa muchas enfermedades respiratorias en China. El Banco Mundial estimó que si el país pudiera mejorar la situación en este frente, incrementaría su PIB de 3% a 5% gracias a los ahorros logrados en su sistema de salud. De igual modo, si seguimos devastando los bosques y vendiendo sus recursos por un costo bajo, pronto no nos quedarán reservas forestales. Estamos hipotecando nuestras ganancias futuras. La gestión sostenible, al contrario, proporcionará ingresos de largo plazo.

La dificultad radica en la falta de control sobre las organizaciones delictivas que arrasan las reservas naturales. Los reportes internacionales probablemente no hacen suficiente hincapié en el comercio ilegal de plantas y animales. El mercado es gigantesco y los daños, enormes. África, Indonesia y Rusia, entre otros países, padecen este tipo de tráfico y carecen de los medios para controlarlo y erradicarlo. Hace pocos años, algunas calles de Abidjan en Costa de Marfil estaban recubiertas de un residuo tóxico proveniente de un barco danés que afirmaba transportar desechos municipales. Los riesgos que corren los contaminadores son pocos. Éstos siempre ganarán si no se instrumentan las políticas globales adecuadas y se crea una fuerza policiaca internacional con los medios apropiados para hacer valer la ley. Se han logrado avances, por ejemplo, en la colaboración entre las autoridades aduaneras y la Interpol, pero falta mucho por hacer.

Internacionalmente, el financiamiento de la inversión es incluso más complicado. Sobre una base histórica, los países desarrollados fueron los principales responsables de las emisiones de GEI. Pero en el futuro, los países en desarrollo tendrán que reducir sus emisiones de GEI, y ello tendrá profundas implicaciones en su desarrollo. Los desacuerdos entre los países desarrollados y aquellos en desarrollo respecto a las responsabilidades y la distribución de costos son grandes obstáculos en los debates para un acuerdo internacional respecto al cambio climático.

¿Quién tiene el poder de dar un viraje a la actual degradación ecológica del planeta?

En primer lugar, los gobiernos, que deben tomar las medidas pertinentes para reflejar el costo ambiental de las actividades de administraciones públicas, compañías y ciudadanos. Pero todos los participantes deben poner su grano de arena: los fabricantes deben acoger métodos de producción que sean más respetuosos

7. ¿Cuál es el impacto de la globalización sobre el medio ambiente?

Una conversación *(Cont.)*

del ambiente y los consumidores deben cambiar sus hábitos, por ejemplo, al adquirir productos y servicios "más verdes". Las cosas son más complicadas de lo que parecen. Por ejemplo, animar a las compañías y autoridades a vender café con la etiqueta de "comercio justo" pudiera ser bueno para el ambiente, pero no resolverá los problemas ecológicos relacionados con la producción de café. Para lograr un efecto realmente positivo, es necesario aplicar al mismo tiempo toda una gama de medidas diferentes.

¿Cómo se están sensibilizando los países en desarrollo respecto a los retos ambientales?

En todos los países se emiten gases de efecto invernadero. Las economías de la OCDE han sido las principales responsables, así como los países más ricos. En el futuro, el incremento en la emisión de GEI se deberá, más que nada, a los BRIC. Estos países, empero, no llegarán a ser tan ricos como los países desarrollados. Tenemos una responsabilidad común, aunque aplazada. Las iniciativas ambientales deben reflejar tales sucesos.

En la actualidad, las autoridades chinas están muy conscientes de que es necesario actuar. La industria de China consume abundantes materias primas. Su dependencia extrema respecto de los suministros externos es una desventaja, razón por la cual Beijing ha decidido invertir en un sistema de producción más eficiente, sobre todo en materia de energía. De igual modo, el agua residual sin tratar puede utilizarse para regar cultivos. Por último, el público está cada vez más interesado en la ecología.

Muchos medios y familias de China expresaron su disgusto cuando salió a relucir que algunos funcionarios estaban muy relacionados con compañías que habían causado contaminación extrema.

A pesar de este avance, se afirma que 80% de los incrementos futuros en la emisión de GEI provendrán de los países emergentes...

Debe existir cierto arbitraje entre el desarrollo económico y los retos ambientales. Las cosas están cambiando y algunos países están verdaderamente preocupados. En 2008, la ministra de Medio Ambiente de Brasil renunció porque no pudo cumplir los compromisos de Brasilia. En su opinión, el crecimiento se estaba promoviendo a expensas de la ecología. En aquel entonces, ese proceder envió un mensaje claro.

¿No se trata más bien de una señal de pesimismo?

Proteger el ambiente tiene un costo, pero también produce beneficios muchas veces desconocidos. Como anunció claramente el reporte Stern, la falta de acción continuada en los temas ambientales terminará costándonos más que la acción enérgica. Debemos detectar los instrumentos más eficaces. De igual modo, debemos determinar quiénes son los ganadores y perdedores potenciales de las medidas ambientales y mitigar los efectos negativos de éstas en los grupos que los padecerán más. Los gobiernos y las compañías están reconociendo que respetar el ambiente no sólo genera costos, y que invertir en él puede brindarles una ventaja en los mercados futuros. La Estrategia de Crecimiento Verde de la OCDE hace hincapié en este punto.

Esenciales OCDE: Globalización económica

Para saber más

DE LA OCDE...

En Internet
La labor de la OCDE en el crecimiento verde: *www.oecd.org/greengrowth.*

Para conocer qué ha hecho la OCDE en relación con el ambiente, visite: *www.oecd.org/environment.*

Publicaciones
Towards Green Growth (2011): Reporte que presenta las primeras conclusiones de la Estrategia de Crecimiento Verde de la OCDE, centrándose en las sinergias entre las políticas económicas y las ecológicas. Explica de qué manera las barreras al comercio y a la inversión pueden impedir el desarrollo y la circulación de tecnologías amigables con el ambiente en todo el mundo. También promueve la función de los flujos financieros internacionales (sobre todo los subsidios públicos al desarrollo) para estimular el crecimiento y el desarrollo y mejorar la calidad de los bienes públicos globalmente.

The Economics of Climate Change Mitigation: Policies and Options for Global Action Beyond 2012 (2010): Informe que explora las soluciones disponibles para reducir las emisiones de GEI al costo más bajo y plantea propuestas para la creación de un mercado global del carbono.

Invention and Transfer of Environmental Technologies (2011): La función de los acuerdos multilaterales, las políticas ambientales y los mercados internacionales en la innovación y la transferencia de tecnologías se analiza en este reporte. Asimismo, en él se señala que la mayoría de las transferencias de tecnología se realizan mediante el comercio, la IED y las patentes.

Greening Household Behaviour: The Role of Public Policy (2011): Esta publicación presenta los principales resultados y las implicaciones enpolítica pública de una encuesta de

la OCDE aplicada a más de 10 000 hogares en 10 países. Ofrece una nueva visión de las medidas de política pública que realmente funcionan y toma en cuenta los factores que afectan el comportamiento de las personas respecto al medio ambiente.

OECD Environmental Outlook to 2030 (2008): Informe de la OCDE que analiza a fondo los desafíos ambientales que los gobiernos encararán para 2030. Contiene muchos ejemplos y tablas con proyecciones.

"Innovation, globalisation and the environment", revista *OECD Observer* No. 261, mayo de 2007: En su artículo, Brendan Gillespie y Xavier Leflaive explican de qué manera la diseminación de nuevas tecnologías verdes mediante las redes de la globalización podrían ayudar a reducir las emisiones de GEI en el mediano plazo.

...Y OTRAS REFERENCIAS

Climate Change 2007, IPCC Fourth Assessment Report*:* Este reporte del IPCC sobre cambio climático es la referencia principal en materia de calentamiento global.

Exploring Trade and the Environment: An Empirical Examination of Trade Openness and National Environmental Performance (2011): Estudio de la Universidad de Yale que evalúa el impacto ambiental del comercio y la inversión internacionales.

La conclusión es que, si bien este impacto es positivo en la salud, resulta bastante negativo para la vitalidad del ecosistema. Asimismo, pone de relieve el papel crucial de la buena gobernanza para obtener beneficios del comercio internacional y, al mismo tiempo, reducir su impacto en el ambiente. Véase *http:// envirocenter.yale.edu/programs/en vironmentalperformancemanagement/ exploringtradeandthe environment.*

La crisis financiera de 2007-2008 afectó a muchos países simultáneamente y condujo a una crisis económica mundial sin precedentes desde la
Gran Depresión. Su detonante fue una proliferación de productos financieros relacionados con los créditos hipotecarios riesgosos. Esta crisis
puso cuestionó seriamente la globalización financiera, que hasta cierto
punto elevó los riesgos relacionados con las actividades bancarias y los
mercados financieros, y acarreó desequilibrios financieros entre las principales potencias económicas. La pregunta de qué reglas debería aplicarse a la actividad financiera global resulta crucial para canalizar los
riesgos inherentes a la globalización.

La crisis financiera de 2008, ¿una crisis de la globalización?

A manera de introducción...

"Por el momento, nos mantenemos unidos, pero quién sabe por cuánto tiempo." Arnaud Lemoine, ingeniero de 35 años en Renault, resumió así el ánimo de muchos empleados de Renault —tanto obreros como ejecutivos— en abril de 2009. Durante una reunión de la gerencia, Arnaud se entera de que, para conservar los puestos de trabajo durante la debacle económica derivada de la crisis financiera, se animará a los empleados que ganen más de cierto salario a reducir su jornada laboral. Esto implica un ingreso más reducido. "No es el fin del mundo. Todavía tengo trabajo, pero se siente extraño."

Ese mismo mes, antes de la Primavera Árabe, Ali El Awary, propietario de 43 años de una tienda de narguiles y artesanía oriental en la calle de El Mouiz, en El Cairo histórico, despotrica contra su banco. "Quería diversificarme abriendo un restaurante cerca de Zamalek. Cuando mencioné el proyecto a mi banquero hace unos seis meses, se entusiasmó. Pero desde la crisis, los bancos ya no quieren otorgar créditos." Para colmo, la disminución del turismo debido a la crisis ocasionó que sus ventas bajaran 35% en 2009. "Eso no me ayuda a justificar mi proyecto ante los banqueros. Especularon, les fue mal y ahora nos hacen pagar a nosotros el precio de sus pérdidas."

La realidad ha sido incluso peor para otros. Ratry Sovath, obrera calificada de 37 años que vive en las afueras de Nom Pen, Camboya, fue despedida junto con más de 50 compañeras debido a las dificultades económicas de la planta textil para la que trabajó más de 10 años. "El director nos dijo que los pedidos se habían reducido a la mitad en seis meses. Tengo tres hijos, y como sólo nos queda el salario de mi esposo en la construcción, la vida va a ser muy difícil."

Estas tres situaciones en tres regiones diferentes del mundo tienen un mismo origen: la crisis financiera que inició en Estados Unidos. Sorprendentemente, afectó a la mayoría de los mercados financieros del mundo casi al mismo tiempo y luego se convirtió en crisis económica en muchos países. La recuperación ha sido escabrosa en el mejor de los casos y ha suscitado preguntas no sólo sobre los mercados financieros y el comportamiento de los bancos, sino sobre la globalización en sí. Hasta ahora, podría decirse que los desequilibrios y la inestabilidad ocasionados por la globalización fueron la contracara inevitable de la prosperidad que llegó con la apertura de las fronteras al comercio y al capital. El mundo ya había atravesado crisis financieras de gravedad (la crisis mexicana de 1994, la crisis asiática de 1997, el estallido de la burbuja dot.com en 2000 y la crisis de Argentina en 2001) a un ritmo tan rápido como el de la globalización. Sin embargo, tales crisis siempre se limitaron a un país o, en el peor de los casos, a una región. La crisis actual parece dar la razón a los críticos de la globalización más despiadados al haber puesto en peligro a la economía en los cinco continentes. Este capítulo analiza qué papel desempeñó la globalización —sobre todo la financiera— en la crisis.

De la crisis de las subprimes al rescate mundial de los bancos, o cómo la proliferación de bonos "tóxicos" paralizó los bancos de todo el mundo

Antes de explicar cómo se difundió la crisis actual por todo el mundo en tan corto tiempo, remontémonos a la secuencia de los acontecimientos. Las causas de la crisis financiera son complejas. Una de ellas fue la carga excesiva de la deuda de los hogares en Occidente, sobre todo en Estados Unidos y muy particularmente en la última década. En este contexto, el detonante de la crisis fue la proliferación de los créditos hipotecarios de alto riesgo que se otorgaron a las familias de bajo ingreso. ¿Qué era tan particular respecto a ellos? Las altas tasas de interés y la larga vida del crédito, pues iban dirigidos a familias con posibilidades relativamente altas de incumplimiento. Con el fin de atraer clientes, las tasas de interés eran muy bajas al principio, pero a los pocos años se incrementaron sustancialmente. A principios de este siglo, durante el apogeo del crecimiento en Estados Unidos y la confianza en los operadores, los créditos *subprime* eran muy populares: se habían otorgado a casi seis millones de hogares estadounidenses predominantemente de bajos ingresos.

Dichos créditos *subprime* se convirtieron en valores, luego se combinaron con otros créditos hipotecarios —éstos con garantía— y se negociaron en los mercados financieros. Esta práctica, conocida como bursatilización, ofrecía tres ventajas: ser muy rentable para los bancos, reducir el riesgo de los créditos hipotecarios y distribuir los riesgos entre todo el sistema financiero. Por tanto, se popularizó de manera exponencial durante la última década, sobre todo gracias a varias medidas de tipo político (véase *From Crisis to Recovery* al final de este capítulo y en la bibliografía). La cantidad y el volumen de compraventa de este tipo de valores se multiplicaron conforme los bancos buscaban obtener más y más ganancias inmediatas de las operaciones financieras.

Como ya explicamos en capítulos anteriores, debido a la manera en que están entrelazadas las finanzas globales, los valores vinculados a los créditos *subprime* riesgosos se acumularon en todos los bancos y en todos los mercados financieros del mundo. El problema fue que muchos hogares con créditos *subprime* cayeron en incumplimiento después de unos pocos años, pues no pudieron hacer frente al incremento brutal en el pago mensual de su hipoteca. Estos incumplimientos se incrementaron con el alza de las tasas de interés en Estados Unidos a partir de 2004 y por un descenso inesperado en el precio de los bienes raíces a partir de 2006. Los valores vinculados a los créditos hipotecarios riesgosos se devaluaron rápidamente, y es ahí cuando los productos financieros complejos (que incluían los valores asociados a los créditos hipotecarios riesgosos) mostraron su verdadera naturaleza tóxica. Los bancos ya no tenían ninguna confianza en los productos financieros disponibles en el mercado y dejaron de negociarlos. Lo que siguió fue una parálisis financiera gigantesca que inició con la crisis interbancaria de julio de 2007. Los principales bancos se encontraron en quiebra o a punto de quebrar.

En septiembre de 2007, el banco británico Northern Rock había sucumbido a una corrida bancaria cuando sus clientes retiraron en masa sus ahorros en pocos días. En 2008, otras instituciones financieras en problemas fueron adquiridas por sus pares (por ejemplo, Bear Stearns por JP Morgan Chase en marzo de 2008, con la venia de la Reserva Federal estadounidense), nacionalizadas (como Freddie Mac y Fanny Mae), puestas bajo la tutela del Tesoro de Estados Unidos o declaradas en quiebra. El 15 de septiembre de 2008, la declaración de quiebra del banco de inversión Lehman Brothers detonó intervenciones gubernamentales de emergencia para impedir que otras instituciones tuvieran el mismo destino. De hecho, su quiebra habría tenido repercusiones catastróficas para toda la economía, de ahí la expresión "demasiado grande para quebrar", que describe a las instituciones que están tan conectadas con la economía en general que los gobiernos no pueden permitir que quiebren.

La intervención del gobierno no impidió que la crisis financiera afectara a la economía "real". Una serie de quiebras bancarias ocasionó una escasez de créditos, lo que bloqueó la inversión y las operaciones de las empresas y esto, a su vez, sumió al mundo en una profunda recesión económica, la primera en afectar a tantos países al mismo tiempo.

La interconexión global de bancos y mercados financieros facilitó en parte la dispersión del riesgo

¿Qué papel desempeñó la globalización financiera —es decir, el movimiento internacional de los capitales— en la crisis? En esencia, uno secundario. Para entender esto, analicemos tres fenómenos que ocurrieron simultáneamente después de la década de 1970.

El primero ocurrió en esa década, cuando **las compañías recurrieron cada vez más a los mercados financieros (mediante acciones, bonos, etc.) para financiar sus actividades.** Los mercados financieros, cada vez más importantes, alimentaron y dotaron de liquidez a la economía. Los gobiernos empezaron a favorecer las teorías económicas del *laisser-faire* y la regulación mínima de las operaciones del mercado para optimizar la asignación de recursos y promover la eficiencia y el crecimiento de la economía. Esto implicó que todos los participantes económicos, sin importar su tipo, poco a poco pudieron negociar todo tipo de productos financieros en los distintos mercados (véase capítulo 4).

Al mismo tiempo, **la ejecución de operaciones financieras en los mercados de casi *todos los países* se convirtió en una realidad,** dado que los gobiernos aplicaron la teoría de la desregulación a las operaciones financieras internacionales y nacionales. Las fronteras financieras se esfumaron. Entre 1990 y 2004, los activos totales en manos de extranjeros se multiplicaron por un factor mayor que dos, al pasar de 58% a más de 131% del PIB mundial. En todo el mundo, actualmente una de cada cuatro acciones de una compañía listada en bolsa es propiedad de un inversionista extranjero, tres veces más que en 1990. Los productos financieros también se han vuelto más móviles globalmente, con lo cual los riesgos asociados a algunos productos son más susceptibles de "exportarse". Esta movilidad se incrementó gracias a los importantes sucesos bancarios ocurridos durante este periodo.

Por último, **los bancos se globalizaron cada vez más.** Primero, en los años previos a la crisis, los bancos se consolidaron y se internacionalizaron. En los años noventa, los gobiernos instaron a las instituciones nacionales a consolidarse. Los gigantes bancarios emergieron en varios países y ampliaron sus actividades internacionales, a veces mediante fusiones. En 2000, el consorcio británico HSBC adquirió Crédit Commercial de France y se colocó como el décimo conglomerado bancario global más importante en términos de capitalización de mercado.

Gracias a la liberalización generalizada de los mercados financieros, los bancos se han convertido en participantes globales que financian las actividades de personas morales y físicas en todo el mundo y que operan en los mercados financieros internacionales. Como resultado, el valor de las transacciones bancarias internacionales (los créditos al consumo y a empresas, etc.) se disparó de 6% del PIB global en 1972 a casi 40% a principios de este siglo. En 2005, la exposición total a la inversión extranjera de los bancos principales era de 40% de los activos totales.

La globalización financiera fue paralela al aumento de las prácticas financieras riesgosas. Mientras conquistaban el mundo, los bancos diversificaron sus actividades. Para mantener el crecimiento y obtener más ingresos, los principales bancos ampliaron su gama de actividades para incluir todas las transacciones financieras, incluso las más especulativas y arriesgadas. Se convirtieron en grupos con múltiples especialidades: operaciones de banca minorista y productos tradicionales (créditos al consumo y a empresas, cuentas corrientes, etc.), pero negociando también en los mercados financieros (gestión de activos, asesoría sobre operaciones con acciones, etcétera).

Para minimizar el riesgo de que las acciones y los bonos perdieran valor (debido a su alta volatilidad) y protegerse contra los riesgos inherentes a la especulación financiera, los bancos crearon cada vez más productos financieros e instrumentos de cobertura: los famosos derivados. Estos productos y otros más les permitieron vender parte del riesgo de los valores vinculados a los créditos hipotecarios riesgosos. "Poco a poco, los banqueros dejaron de ser aceptantes y divisores del riesgo para convertirse en meros *brokers* de operaciones de riesgo", sintetiza el economista Olivier Pastré. El mercado de derivados alcanzó alturas de vértigo. Al mismo tiempo, los bancos estaban tomando más y más riesgos, pero sin registrarlos en su balance, pues las reglas bancarias de entonces les permitían hacerlo. Esto explica en parte por qué en 2006 la mitad de todos los créditos al consumo de Estados Unidos se otorgaba sin previa verificación del ingreso.

Puede decirse que la interconexión sin precedentes de los bancos globales con los mercados financieros agudizó la diseminación de productos tóxicos entre los bancos del mundo y agravó el alcance geográfico de la crisis. No obstante, la globalización de los bancos y de los mercados financieros no es *per se* la causa de la crisis. De hecho, permitió varias décadas de crecimiento global al multiplicar las oportunidades de financiamiento en la economía real. Otro aspecto de la globalización financiera fue inflando la burbuja que condujo a la crisis: el desequilibrio en los flujos de capitales entre las naciones emergentes y las desarrolladas. Trataremos este tema un poco más adelante.

La globalización financiera también fomentó varias décadas de crecimiento global

La crisis no debería opacar los efectos positivos de abrir las fronteras nacionales a los flujos de capitales. Sin la libre circulación de capitales que fue dándose poco a poco en los años setenta, las inversiones extranjeras, los préstamos a empresas y el financiamiento internacional no habrían fertilizado la industria ni habrían surgido nuevas actividades económicas en más y más países. La liquidez global nunca ha sido tan importante ni ha estado tan disponible (véase el panel A de la gráfica). Lo anterior ha permitido que fructifiquen los proyectos más ambiciosos. El aumento en el flujo transfronterizo de capitales redujo el costo del capital (a mayor cantidad de efectivo, resulta más fácil financiar proyectos a un costo más bajo), acrecentó la inversión y elevó considerablemente la productividad.

Esto significa que la globalización financiera ha ayudado a contener la inflación en los países occidentales por más de 10 años. No falta quien considera que esto es uno de sus grandes méritos. Los flujos internacionales de capitales garantizan una liquidez relativamente constante y abundante, lo que permite a los bancos mantener bajas las tasas de interés. Esto es lo que hicieron la mayoría de los bancos centrales del mundo a partir de finales de los años noventa: las tasas de interés no han dejado de bajar desde 1989 (véase el panel B de la gráfica).

Agréguese a esto los beneficios relacionados con la globalización del comercio, que, como hemos visto, favorecieron la importación de bienes baratos desde los países en desarrollo debido al bajo costo de su mano de obra y a sus economías de escala. Esto también ha contenido la inflación. Como resultado, el precio de una serie de bienes de consumo ha bajado. La ropa cuesta menos que antes en la mayoría de los países europeos. El precio más bajo de las comunicaciones, los aparatos electrónicos o los electrodomésticos, los celulares y las computadoras ha permitido que los que menos tienen puedan disfrutar de nuevas tecnologías, a la vez que las aplicaciones y los servicios innovadores han enriquecido el escenario del consumo y creado nuevos empleos. Es cierto que los precios no han disminuido en todas las esferas ni en todos los países. Algunos productos alimenticios en particular han registrado un aumento de precio alarmante. Pero en términos generales, los precios han permanecido estables o disminuido.

Los países en desarrollo resultaron particularmente beneficiados con la libre circulación de capitales. Esto, como se ha examinado en capítulos anteriores, forma parte medular del desarrollo de los países emergentes, incluso si ajustaron el ritmo de apertura de sus mercados a sus diferentes necesidades y etapas de desarrollo. Los flujos internacionales de capitales permitieron a estos países recibir grandes cantidades de IED y financiar su actividad económica. Estos flujos también les permitieron acumular abundantes reservas internacionales y ahorrar, lo que a su vez les proporcionó cierta protección para capear la grave crisis que vivieron a finales de los años noventa.

Tal prudencia financiera también fue en parte responsable de los desequilibrios que constituyen la base de la crisis mundial actual. Además del riesgo de contagio entre los bancos de todo el mundo, un aspecto de la globalización financiera es más culpable que otros: los desequilibrios en los flujos financieros entre las grandes potencias económicas. Este aspecto de la globalización financiera es una de las causas más profundas de la crisis financiera; los créditos hipotecarios de baja calidad fueron sólo un detonante.

¿LA GLOBALIZACIÓN FINANCIERA ES UN REMEDIO PARA LA INFLACIÓN?

a. Liquidez global

% de desviación respecto a la tendencia de largo plazo

(Gráfica con valores en el eje Y: 20, 15, 10, 5, 0, -5, -10; eje X: 1980, 1985, 1990, 1995, 2000, 2005. Series etiquetadas: Medida monetaria, Medida crediticia)

b. Tasas de interés de largo plazo

Porcentaje

(Gráfica con valores en el eje Y: 15, 14, 13, 12, 11, 10, 9, 8, 7, 6, 5, 4, 3, 2, 1, 0; eje X: 1980, 1985, 1990, 1995, 2000, 2005. Series etiquetadas: Bono del Tesoro de Estados Unidos a 10 años, Bono gubernamental de Alemania a 10 años)

Desde mediados de los noventa, la liquidez global disponible aumentó considerablemente, sobre todo gracias a la globalización financiera. Algunos creen que ello condujo a tasas de interés más bajas y, por tanto, facilitó el crédito y la actividad económica. La crisis financiera de 2007-2008 cuestionó este modelo al destacar los desequilibrios subyacentes en esta liquidez abundante.

Fuente: Banco Mundial (2006), *Global Economic Prospects 2007: Managing the next Wave of Globalization*, Banco Mundial, Washington, D.C., p. 15.

El desequilibrio en los flujos de capitales entre los países emergentes y los desarrollados dio pie a un endeudamiento excesivo

Un vistazo más de cerca a los flujos internacionales de capitales en las últimas décadas muestra que la abundante liquidez disponible que fomentó el endeudamiento y las prácticas bancarias riesgosas se derivó de un gran desequilibrio en los flujos financieros entre los países emergentes y las grandes potencias occidentales.

Como hemos visto, la incapacidad de muchas familias estadounidenses para pagar su crédito hipotecario detonó la crisis financiera, lo que redujo a cero el valor de los títulos financieros respaldados con hipotecas. La gravedad de la parálisis financiera que ocurrió casi simultáneamente en todo el mundo tiene su explicación en las cantidades vertiginosas que alcanzaron estos productos y en la opaca cobertura de los valores vinculados a ellos. ¿Cómo es posible que esos créditos y valores alcanzaran tales alturas?

Durante años, las familias de Occidente —y particularmente las estadounidenses— se endeudaron con los bancos para comprar televisores, automóviles y casas de alto precio que fueran sinónimo del estilo de vida "americano", y al hacerlo se la jugaron con el aumento constante en el precio de los bienes raíces. Este afán por endeudarse se vio facilitado por tasas de interés muy bajas en Estados Unidos durante varios años. En parte, ésa era la intención de la Reserva Federal (el banco central) y del gobierno de Estados Unidos, que deseaban reactivar la recuperación económicamediante el consumo después del estallido de la burbuja dot.com en 2001. Sin embargo, las bajas tasas de interés también fueron el resultado "mecánico" de la llegada de capitales de los países emergentes al sistema financiero de Estados Unidos.

Durante aproximadamente dos décadas, la libre circulación de bienes y capitales permitió que estos países emergentes acumularan reservas considerables en divisas (sobre todo USD), gracias a sus exportaciones, y que invirtieran su gigantesco superávit comercial en las economías de Occidente. Algunas de estas inversiones consistían en compras de bonos del Tesoro de Estados Unidos, que se consideran particularmente estables. Esto se llevó a cabo sobre todo mediante fondos de inversión nacionales (fondos soberanos), algunos de los cuales (en los Emiratos Árabes Unidos, por ejemplo) albergan más recursos que las economías de varios países desarrollados (véase la gráfica). Otros superávits se invirtieron en el capital social de las grandes compañías de Occidente. La abundante liquidez resultante, tanto en las arcas del gobierno de Estados Unidos como en los mercados financieros de Occidente, ayudó a mantener bajas las tasas de

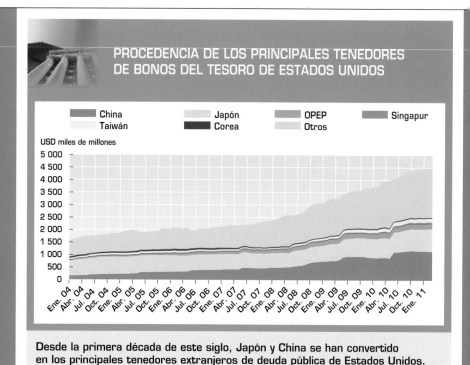

PROCEDENCIA DE LOS PRINCIPALES TENEDORES DE BONOS DEL TESORO DE ESTADOS UNIDOS

Desde la primera década de este siglo, Japón y China se han convertido en los principales tenedores extranjeros de deuda pública de Estados Unidos.

Fuente: "Financial Market Trends", *OECD Journal*, Vol. 2008, No. 94, p. 113, OCDE, París.
StatLink ⬛⬛ http://dx.doi.org/10.1787/888932780247

interés y fomentó que las familias se endeudaran y acumularan deudas que rebasaron las capacidades del sistema financiero.

Esto llevó a muchos economistas a decir que los países emergentes financiaron la deuda de las familias estadounidenses por más de 20 años. Algunos ven en lo anterior una consecuencia negativa de la globalización financiera. Sin embargo, ¿está en duda la libre circulación de capitales o el que no sea generalizada? Esta pregunta, que también determina en parte cómo responder a la crisis, es materia de debates. (Véase la conversación con Adrian Blundell-Wignall al final del capítulo.)

FONDOS DE RIQUEZA SOBERANOS POR TAMAÑO

Los mayores fondos soberanos del mundo están actualmente en manos de los países productores de petróleo y de unos cuantos países asiáticos, incluidos Singapur y China.

Fuente: "Financial Market Trends", *OECD Journal*, Vol. 2008, No. 94, p. 121, OCDE, París.
StatLink ⟐⟐ http://dx.doi.org/10.1787/888932780266

Reglas, sí, pero ¿a qué nivel?

"Las tensiones producto de la globalización son visibles por doquier. En última instancia, si los políticos quieren que el sistema de mercado liberal funcione, tendrán que hacer que el multilateralismo funcione."

Philip Stephens, *Financial Times*, 18 de septiembre de 2008

Aunque la globalización financiera ha producido muchos beneficios en los últimos 20 años, la crisis financiera de 2007-2008 reveló graves disfunciones, tanto en las actividades bancarias y las operaciones de los mercados financieros, como en el alto desequilibrio de los flujos de capitales entre los países emergentes y los de Occidente. La libre circulación de capitales a través de las fronteras no necesariamente debería significar la ausencia total de reglas.

Marco de coordinación global para manejar las operaciones bancarias y financieras

Dada la gravedad de la crisis financiera, los gobiernos no se contentaron con rescatar o brindar garantías a las instituciones bancarias al borde de la quiebra. También trataron de impedir las crisis recurrentes al atender las deficiencias del sistema financiero. Para lograrlo, demostraron voluntad política, sobre todo respecto a la cooperación internacional. Expresaron esta voluntad dentro del marco del G20 que, como sucesor del G8 y primer foro de cooperación internacional, refleja el nuevo peso político y económico de los países emergentes.

Después de sucesivas cumbres del G20 (Londres y Pitssburgh en 2009, Toronto en junio de 2010 y Seúl en noviembre de ese mismo año), varias medidas se tomaron simultáneamente. Por ejemplo, Estados Unidos, la Unión Europea y Japón han aplicado reformas para un mejor control de los fondos de inversión, los cuales contribuyeron a inflar la burbuja financiera. El G20 ha puesto en marcha otros proyectos: límites a los bonos, reglas de contabilidad bancaria, controles para operaciones con derivados, etc. Sin embargo, forman parte de legislaciones nacionales y se están aplicando con un grado de premura que varía enormemente entre un país y otro. La coordinación global aún es fragmentada o inexistente.

A pesar de que la coordinación es fundamental, la actividad financiera se encuentra en gran medida internacionalizada. Las discrepancias en la legislación pueden reducir las leyes locales más eficaces a nada. Esta realidad motivó a reforzar las funciones del Foro de Estabilidad Financiera, rebautizado en 2009 como Consejo de Estabilidad Financiera (FSB, por siglas en inglés). Esta institución, que reúne a las autoridades financieras de 23 países (incluidos representantes de bancos centrales y ministerios de finanzas, así como varios organismos internacionales y financieros), aspira a mejorar la cooperación internacional en el ámbito de la regulación, la supervisión y el control.

El Comité de Basilea, que incluye a representantes de bancos centrales y autoridades supervisoras de varios países, desempeña una función parecida pero limitada a la banca. No obstante, la crisis no sólo reveló que el marco regulatorio de Basilea II creado en 2004 para canalizar los riesgos bancarios resultaba limitado, sino que *exacerbaba* tales riesgos mediante sus principios contables. El protocolo de Basilea III, cuya entrada en vigor se programó para principios de 2013, sienta las bases para desatar este nudo gordiano. Además, después de la crisis financiera, el Comité de Basilea se amplió en marzo y junio de 2009 para armonizar todavía más las reglas bancarias al incluir a representantes de 27 países.

Entonces, se está llevando a cabo cierta coordinación internacional para la regulación bancaria y financiera, incluso si el fondo y la homologación de las reglas, así como su aplicación, aún tienen que mejorarse.

Reformar el sistema monetario y financiero internacional para corregir desequilibrios

Va a ser necesario reformar las medidas iniciales para regular los bancos y los mercados financieros si se desea resolver los desequilibrios financieros entre los países emergentes y los de Occidente, que causaron el endeudamiento excesivo de las familias estadounidenses. Las soluciones necesarias siguen debatiéndose, pero dos cuestiones predominan: la reforma del sistema monetario internacional y el manejo de los flujos de capitales.

Para muchos observadores, el hecho de que China y otras naciones emergentes de Asia controlen su moneda (y fijen su paridad), mientras que los países de Occidente permiten la flotación libre (que el valor de la moneda fluctúe conforme a la oferta y la demanda) sesga la globalización, pues tal proceder favorece a las exportaciones de las naciones asiáticas en tanto exacerba el déficit comercial y la deuda de las familias en otros países. La solución sería que las principales naciones emergentes (incluida China) permitieran más flexibilidad cambiaria, en apego al sistema de flotación cambiaria generalizado que ha caracterizado al periodo posterior a Bretton Woods. Aunque no cabe duda de que la economía se ha globalizado en grado superlativo, en ciertos aspectos sigue funcionando a varias velocidades (véase la conversación abajo con Adrian Blundell-Wignall).

El debate respecto al control del flujo de capitales es más controvertido. Algunos piensan que la crisis justifica un regreso a un control gubernamental mucho más estricto de los flujos de capitales. Ése es el más profundo deseo de los economistas Jean Hervé Lorenzi y Olivier Pastré, como se expresa en el artículo "A New Bretton Woods" que publicara el periódico Le Monde en 2008. Otros piensan que, por el contrario, China, que además de controlar su moneda también controla el flujo de los capitales provenientes de los mercados internacionales, ha distorsionado la globalización. Para los autores, todos los países deberían participar en el juego de la libertad de movimiento, pero sin dejar de controlar estrictamente algunas actividades de la banca y los mercados financieros (véase abajo).

El debate está abierto, pero sin importar su resultado, "los gobiernos del mundo no pueden darse el lujo de dejar las cosas como están", ha reiterado Angel Gurría, Secretario General de la OCDE, desde que iniciara la crisis. No obstante, estos desequilibrios fundamentales siguen sin resolverse y algunos los consideran grandes factores de riesgo en cualquier nueva crisis global hacia adelante.

Una conversación

Adrian Blundell-Wignall, subdirector en el Directorado de Asuntos Financieros y Empresariales de la OCDE

"El problema de la globalización financiera es que actualmente incluye tanto elementos rígidos como flexibles. Algunos países controlan su tipo de cambio y las entradas de capitales. Otros pemiten el libre mercado. Esta brecha engendra debilidades estructurales."

Algunos piensan que la crisis financiera de 2008 es la primera crisis verdaderamente global. ¿Es la globalización la causa de esta crisis?

Las distorsiones en la regulación global, no los mercados, son el motivo principal de la crisis. Pero el proceso de globalización no se llevó a cabo de manera suficientemente equilibrada.

¿Qué significa esto?

Imaginemos una presa que está arriba de un pueblo. La presa se llena de agua, pero sus paredes no están bien construidas. Tienen puntos débiles. Cuando la presión del agua aumenta demasiado, la presa cede en esas zonas más frágiles. El agua termina destruyendo todo. El agua en aumento representa la prosperidad que genera la globalización. Las paredes defectuosas son los distintos niveles de marco regulatorio. El problema de la globalización financiera es que actualmente incluye tanto elementos rígidos como flexibles. Algunos países controlan su tipo de cambio y las entradas de capitales, mientras que otros permiten el libre mercado. Esta brecha engendra debilidades estructurales.

¿Por qué existe tal brecha?

En 1973, cuando las economías desarrolladas instituyeron un sistema de tipo de cambio con flotación libre, un país como China tenía menos peso, en términos económicos, que Australia. Aunque Beijing mantuviera un tipo de cambio fijo para su moneda, tal circunstancia era relativamente insignificante para la economía mundial. Pero, luego, algunos de estos países empezaron a industrializarse. Su peso económico ahora es mayor que el de Estados Unidos. En

estas condiciones, la paridad fija de Beijing pone en total desequilibrio a la economía mundial. En los últimos años, el yuan ha estado peligrosament subvaluado. El déficit comercial de Estados Unidos ha empeorado en comparación con China por esa razón. Asimismo, gracias a su sistema de tipo de cambio fijo, algunos países de Asia y de Medio Oriente han podido acumular grandes reservas financieras. Han reciclado la liquidez existente en l muy abierta economía de Estados Unidos. El flujo de liquidez presionó a la baja las tasas de interés en Estados Unidos e infló la burbuja inmobiliaria. Estados Unidos sólo tiene dos opciones posibles: permitir que el déficit comercial aumente o elevar las tasas de interés. Pero la segunda opción implicaría entrar a sabiendas en una recesión.

Ningún gobierno quiere hacer eso. Por ende, el déficit de Estados Unidos ha seguido aumentando en comparación con el de los países emergentes.

la única responsable de este desequilibrio ¿o sí?

Alan Greenspan, ex presidente del Banco de la Reserva

Federal, encontró una justificación muy conveniente para su política monetaria laxa. Habló acerca de una revolución productiva y —opinaba— que una nueva era había comenzado con la llegada de la globalización y la industrialización de Asia. Estábamos importando productos chinos de manera impresionante. Fue el efecto WalMart [WalMart es la principal cadena de distribución estadounidense, reconocida por sus precios competitivos]. El mercado de Estados Unidos ya se había abierto. La inflación estaba contenida. Pero todo esto tuvo un precio: por un lado, un déficit comercial gigantesco; por el otro, una subida astronómica en el precio de los activos financieros

Era más cómodo creer en la revolución productiva pero las leyes económicas son lo que son. Evidentemente, Alan Greenspan estaba equivocadc

¿Debería haberse obligado a China a cumplir con las mismas reglas que los demás países respecto a abrir su mercad de capitales?

Una conversación *(Cont.)*

Los países emergentes deberían haber estado más vinculados a las decisiones de las principales instituciones económicas internacionales. Por ejemplo, deberían haber obtenido el mismo número de votos en el Fondo Monetario Internacional (FMI). Al final, los países de Occidente deberían haber aplicado una mejor regulación y una gobernanza que no creara distorsiones. Al mismo tiempo, deberíamos haber incluido a las economías emergentes en el aparato de toma de decisiones del sistema financiero global. Por supuesto, eso entrañaba ceder algo; pero, en mi opinión, ésa era la ruta a seguir.

Durante la crisis de Asia y Rusia en los noventa, los accionistas retiraron sus capitales de súbito. Muchos culpan al FMI por animar a los países en desarrollo a abrir sus mercados de capitales demasiado pronto. ¿Acaso China, India y algunos más no hicieron lo correcto al mantener cerrado su sistema?

El libre comercio proporciona cierta prosperidad, pero hay que pagar un precio. Cuando el superávit comercial de un país implica un déficit para sus socios comerciales, estos déficits

deben financiarse. Es entonces cuando se requiere la libre circulación de capitales. El impacto de la IED en el crecimiento de China se irá suavizando, como ocurrió en Japón y en Europa occidental después de un periodo de crecimiento extremadamente vigoroso en las décadas de 1950 y 1960. Cuando eso ocurra, empezaremos a preguntarnos qué podemos hacer. La fase de industrialización termina y entonces tenemos que inventar algo más. Es entonces cuando necesitamos abrir nuestros mercados financieros, alimentar la innovación económica. China problemente no pueda salvarse de esto, pero controla los flujos de capitales y el valor de su moneda. Los extranjeros no pueden comprar compañías chinas ni invertir libremente en el mercado de valores chino. Si Estados Unidos utilizara el mismo método para impedir que los operadores chinos compraran activos en Estados Unidos y convirtieran yuanes a dólares, China no podría vender nada en ninguna parte. En última instancia, eso no es una opción.

Tan pronto como un problema estalla en una zona del sistema, lo contamina en cosa de nada. ¿Acaso no es ése el problema de la globalización financiera en la actualidad?

No estoy de acuerdo. Es como si dijeras que

para combatir una epidemia de gripe aviar, hay que eliminar el aire a nuestro alrededor porque es el medio por el cual se transmite el virus. Si una institución con presencia en todo el mundo padece una crisis de solvencia grave, ¿tendrá repercusiones en el resto del sistema? Por supuesto. Pero la globalización no es la causa de los problemas. Su origen es la insolvencia generalizada.

¿No deberíamos proporcionar sistemas de seguridad para evitar que los problemas se extiendan por todo el mundo financiero? Así como los barcos, que tienen compartimentos estancos...

Si tuviéramos políticas fiscales y macroeconómicas con sentido común, la apertura de los mercados financieros contribuiría a la prosperidad global. Pero volviendo a la analogía de los barcos, es mejor contar con un buen sistema de radar que con un buen navegante.

Si la globalización no es la causa, entonces ¿qué piensa que ocasionó la crisis sistémica en 2008?

Es una combinación de factores. En primer lugar, los bancos cambiaron el modelo económico. Antes, tomaban los depósitos y los acumulaban en su balance contable. Le agregaban a eso un poco de capital y entonces prestaban dinero. Los bancos son como empresas paternalistas; no acogieron la lógica de un crecimiento fuerte a cualquier costo.

Pero hacia 1995, la valuación de las acciones empezó a ser más importante lo que los demás. Los altos directivos empezaron a recibir jugosos bonos —*opciones sobre títulos accionarios*— con base en el valor incrementado para los accionistas. Tenían que elevar el rendimiento sobre la inversión. Los bancos después ampliaron su gama de actividades cuando se convirtieron en bancos de inversión. En la década de 1990, mediante intenso cabildeo, se logró que los principales bancos realizaran este tipo de actividad, que tiene la ventaja de no estar sujeta a controles de capital prudenciales [las reglas que buscan minimizar el riesgo de inversión de la banca]. Apegarse a tales reglas resulta costoso. Para los bancos, ese costo equivale a un impuesto. Liberados de ese costo, podían realizar actividades cada vez más rentables aunque también más arriesgadas. El problema se originó en estas actividades de inversión altamente riesgosas y volátiles que realizaban los bancos.

Consideremos el efecto dominó sobre los bancos

Una conversación *(Cont.)*

que resultaron afectados primero por la crisis financiera de 2008. Todo comenzó con el banco de inversión Bear Stearns, al que le siguieron Lehman Brothers, Merrill Lynch, Citigroup y UBS. Por último, AIG, una aseguradora, se vio arrastrada por su subsidiaria, un banco de inversión de Londres. En cada caso, la quiebra fue consecuencia del modelo económico modificado de los bancos y de la intensificación de sus actividades de inversión.

Usted dijo que los problemas se debieron a una regulación y políticas económicas defectuosas. ¿Por qué no previmos los excesos que socavaron las actividades de los bancos?

Los principales bancos de Estados Unidos solían ganarse la vida vendiendo hipotecas a dos instituciones respaldadas por Washington: Fanny Mae y Freddie Mac. Pero en 2004, la instancia reguladora en Estados Unidos vio limitada su capacidad de reacción. Los bancos de inversión tuvieron mucho que ver en transformar los activos hipotecarios en productos de inversión que luego pudieron vender a terceros. Pero lo hicieron en el contexto del "sueño americano", que supuestamente permitía a todos los estadounidenses —incluso a los más pobres— ser propietarios de una vivienda. Los productos resultaron tóxicos. Pero ya fue suficiente de políticas económicas fallidas.

En 2004, el Comité de Basilea sobre Supervisión Bancaria, que establece las reglas de supervisión aplicables a los bancos en cualquier lugar del mundo, votó a favor del nuevo arsenal de Basilea II sobre reglas de solvencia. Estas regulaciones probablemente serán las más efímeras de la historia. Su objetivo era volver más solventes a los bancos, pero su efecto fue el contrario. Basilea II instó a algunos bancos a reducir su capital con el fin de aumentar su rendimiento por acción. Asimismo, la normatividad las animó a correr más riesgos. En cierto momento, la quiebra se vuelve inevitable y el contagio se extiende al resto de la economía mundial. Pero de nuevo, el problema no es el aire que respiramos. El problema proviene del gallinero contaminado.

¿Qué aspectos del proceso de globalización financiera deberían corregirse?

Evidentemente, necesitamos coordinación internacional.

Hay una necesidad y un lugar para el flujo de ayuda y los préstamos a los países en desarrollo. La coordinación global requiere inclusión, acompañada de un número equitativo de votos para todos.

El proceso de globalización ha sido demasiado desequilibrado. No podemos seguir exportando y explotando los recursos puestos a nuestra disposición mediante los mercados globales de capitales sin aceptar que se trata de un proceso de dos vías.

Todos los actores económicos deben seguir las mismas reglas. Dicho esto, creo que el sistema financiero global de la actualidad necesita ser más flexible. Ciertamente, el proteccionismo de los mercados no debería regresar.

Así que, ¿no está a favor de una supervisión más estricta del flujo de capitales en el mundo?

No. El modelo de Bretton Woods no es una panacea.

En la década de 1970, los precios fijados por la Organización de Países Exportadores de Petróleo (OPEP) se elevaron al triple, lo que ocasionó una crisis mayúscula. El Bundesbank no se despertó un día en 1973 pensando: "Dejemos que el tipo de cambio flote libremente". Alemania estaba perdiendo oro para beneficio de Estados Unidos. Había que financiar la guerra de Vietnam, etc. El mundo siempre ha sufrido choques; éstos no se dieron súbitamente a raíz de la globalización y la libre circulación de capitales internacionales. En la época de la crisis de la OPEP, existía este marco estricto con el cual algunos siguen soñando en la actualidad. El resultado fue que tuvimos 10 años de rendimientos accionarios negativos e inflación galopante. Las personas con inversiones en renta fija vieron esfumarse su capital en tres o cuatro años debido a que la inflación llegó a ser el 20%. Perdieron parte de los ahorros para su jubilación. El Bundesbank no ayudó a detener Bretton Woods mediante algún tipo de ideal, sino porque no tenía otra opción. La falta de flexibilidad volvió el esquema económicamente inviable. Sin flexibilidad, el sistema no puede resistir los choques.

Para saber más

DE LA OCDE...

En Internet

La labor de la OCDE en materia de mercados financieros se encuentra en *www.oecd.org/finance.*

Publicaciones

Financial Markets Trends: Esta publicación semestral ofrece actualizaciones regulares respecto a las tendencias y las perspectivas de los principales mercados financieros internacionales, en la zona de la OCDE y fuera de ella. Véase *www.oecd.org/daf/fmt* (en inglés únicamente).

From Crisis to Recovery: Parte de la serie Esenciales OCDE, este análisis del origen de la crisis de 2007/2008 describe de qué manera contaminó la economía real y cuáles serán las repercusiones de la Gran Recesión en los años por venir.

...Y OTRAS FUENTES

Des subprimes à la récession: Comprendre la crise (2009): Obra sencilla y clara que publican *La Documentation Française* y *France Info*, explica las diversas etapas de la crisis, sus repercusiones prácticas en los hogares y las compañías, y las acciones de los bancos centrales y los gobiernos. También abarca las secuelas de la crisis y las reformas necesarias para evitar que se repita.

Malaise dans la mondialisation, *Questions Internationales,* No. 34, noviembre-diciembre de 2008:

Esta publicación de *La Documentation Française* incluye análisis claros y profundos de cuestiones relacionadas con la crisis y la globalización financiera, como las transformaciones del sistema monetario internacional desde el siglo XIX, la crisis *subprime* y sus consecuencias, la integración de los mercados de valores, el papel cada vez mayor de los mercados financieros en la economía mundial, el lavado de dinero y los delitos financieros internacionales, y la internacionalización de la deuda pública. Los artículos fueron escritos por economistas (por ejemplo, Jean-Hervé Lorenzi, Olivier Pastré y Dominique Plihon), así como por analistas y expertos de bancos (como BNP Paribas) y organizaciones públicas (el Grupo de Acción Financiera, por mencionar alguno).

Alternatives économiques: Spécial crise, No. 274, noviembre de 2008: En esta edición especial de la revista mensual de economía, los economistas Michel Aglietta, Christian Chavagneux y Sandra Moatti explican algunos detonantes de la crisis, como la "máquina de deuda", los rescates gubernamentales de grandes bancos, los proyectos de regulación financiera y la crisis del modelo de crecimiento desigual.

En Internet

The USD 1.4 Trillion Question: En este artículo de *Atlantic Online* escrito en las primeras etapas de la crisis (enero de 2008), el economista y ex asesor económico en la Casa Blanca James Fallows explica muy claramente los mecanismos mediante los cuales China invierte masivamente el remanente derivado de su superávit comercial con Estados Unidos, con lo cual contribuye al nivel de endeudamiento peligrosamente alto de las familias estadounidenses. *www.theatlantic.com/magazine/archive/2008/01/the14trillionquestion/6582.*

Conclusión general

¿La globalización económica es una oportunidad o un riesgo? Varios de sus riesgos se han ido detectando desde principios de la década de 1990, principalmente la creciente desigualdad durante sus inicios entre países y entre grupos sociales (a veces se considera —y con razón— que la globalización beneficia a los poderosos y aplasta a los débiles). También se le culpó de dañar el medio ambiente debido a que promueve un consumismo desenfrenado. A estos peligros podemos sumar los relacionados con la crisis financiera, económica y social de 2007-2008, que debilitó las economías locales más dependientes de los bancos y mercados financieros globalmente interconectados. Esta crisis en particular puso de relieve los riesgos inherentes a la globalización. Entonces, ¿la globalización ha seguido su curso?

Tras la crisis global en curso, el término *desglobalización* se ha popularizado: describe tanto una desaceleración real del comercio en los primeros días de la crisis como un llamado a un mayor proteccionismo contra el contagio potencialmente catastrófico de los deslices financieros y económicos. Pero todas las cifras han refutado la idea de una "desglobalización", dado que el comercio internacional se reanudó a alta velocidad. Respecto a un regreso al proteccionismo, las economías se encuentran muy compenetradas y los bienes intermedios y los servicios representan más de la mitad del comercio total de bienes y servicios, que un paso atrás parece muy arriesgado si no es que imposible. La mayoría de los gobiernos han resistido la tentación de recurrir al proteccionismo, cuyos efectos dañinos potenciales se volvieron evidentes en la década de 1930. Los gobiernos parecen considerar que la "desglobalización" sería más arriesgada que la globalización.

Esto es cierto sobre todo en el caso de los países emergentes (algunos de los cuales probablemente ya no ameritan este adjetivo), para los que la globalización ha sido una oportunidad real en los dos últimos decenios. Después de un debilitamiento efímero durante el apogeo de la crisis, la economía china enseguida se recuperó a tasas de crecimiento de alrededor de 10% al año. El auge de las exportaciones y la presencia de los países emergentes en todos los mercados globales han desempeñado y seguirán desempeñando un papel crucial en este crecimiento.

¿Se han transferido los riesgos de la globalización durante este periodo de los países en desarrollo —ahora emergentes o "convergentes"— a las economías desarrolladas? La mayoría de los trabajadores de Occidente se sienten justificadamente amenazados por el activo valioso de las economías emergentes y desarrolladas: la mano de obra de bajo costo. Pero aun así, la globalización ha sido una oportunidad para casi todos ellos. Conforme surgieron nuevos mercados y nuevas necesidades, también surgieron nuevas profesiones y nuevos empleos. Asimismo, la integración de las economías emergentes a los mercados globales redujo el precio de varios bienes y servicios para las familias de Occidente. El gran desafío para los países desarrollados consiste, en primer lugar, en asegurarse de que parte de sus trabajadores reciban capacitación y, en segundo, orientar la enseñanza y la capacitación hacia las industrias más prometedoras.

El medio ambiente sólo está relacionado indirectamente con la globalización. Los aspectos negativos de la huella ecológica del ser humano están vinculados parcialmente a los modelos de producción y consumo que hoy por hoy están siendo reconsiderados, sobre todo en los países de Occidente pero también, por ejemplo, en China o Brasil. Por supuesto, en muchos países en desarrollo, la inquietud por la ecología se sigue considerando un lujo. Tal vez una manera de prevenir los riesgos de la globalización consiste en asegurar cierta complementariedad entre países, conforme a la ayuda pública para el desarrollo comentada durante las grandes conferencias sobre cambio climático de Copenhague (2009), Cancún (2010) y Río+20 en 2012.

La globalización no es ni peligrosa ni benéfica *por sí misma*. Lo que importa es cómo se le puede respaldar mitigando sus riesgos y aprovechando sus oportunidades. Los gobiernos deben prestar más atención a la regulación, la prevención y la gestión de los altibajos económicos, que se difunden con mucha más facilidad. El sector financiero parece particularmente necesitado de regulaciones, incluso si todavía se está analizando qué formato y qué soluciones requiere. Los gobiernos, que han estado ocupados restaurando las finanzas públicas dañadas por la crisis y abriendo camino para un regreso al crecimiento y el empleo, se han tardado en adoptar medidas encaminadas a canalizar mejor el financiamiento y evitar las burbujas financieras y los comportamientos riesgosos.

Antes de la crisis, ya se habían establecido muchos mecanismos de cooperación. Una de las principales funciones de la OCDE es apoyar a los gobiernos en este tipo de iniciativa. La Organización seguirá haciéndolo con bríos renovados. Si queremos evitar una recurrencia de crisis devastadoras y mayor degradación ambiental, la globalización del futuro sólo podrá lograrse mediante la cooperación.

Bibliografía

Capítulo 1

BBC (2008), "Global Poll Suggests Widespread Unease About Economy and Globalisation", página Web de la BBC, *www.bbc.co.uk/pressoffice/ pressreleases/stories/2008/02_february/07/poll.shtml.*

Bhagwati, J. (2004), *In Defense of Globalization,* Oxford University Press, Nueva York.

Brunel, S. (2007), "Qu'est-ce que la mondialisation?", *Revue Sciences Humaines,* No. 80, marzo de 2007, edición especial.

Issenberg, S. (2007), *The Sushi Economy: Globalization and the Making of a Modern Delicacy,* Gotham Books, Nueva York.

OCDE (2007), "Making the Most of Globalisation", *OECD Economic Outlook,* Vol. 2007, No. 1, OCDE, *http://dx.doi.org/10.1787/eco_outlookv2007139en.*

Stiglitz, J.E. (2002), *Globalization and its Discontents,* W.W. Norton and Co., Nueva York.

Stiglitz, J.E. (2006), *Making Globalisation Work,* W.W. Norton and Co., Nueva York.

Wolf, M. (2005), *Why Globalization Works,* Yale Nota Bene, New Haven y Londres.

Capítulo 2 y 3

Bordo, M., M. Taylor y J. Williamson (2003), *Globalization in Historical Perspective,* University of Chicago Press, Chicago.

Braudel, F. (2000), *Civilisation matérielle, économie et capitalisme,* 1979, nueva edición, LGF, 3 Vols.

Chanda, N. (2007), *Bound Together: How Traders, Preachers, Adventurers and Warriors Shaped Globalization,* Yale University Press, Michigan.

Maddison, A. (2001), *The World Economy: A Millennial Perspective,* Centro de Estudios sobre Desarrollo de la OCDE, OCDE, París, *http:// dx.doi.org/10.1787/9789264289987fr.*

Maddison, A. (2003), *The World Economy: Historical Statistics,* Centro de Estudios sobre Desarrollo de la OCDE, OCDE, París, *http://dx.doi. org/10.1787/9789264104150fr.*

Toussaint, E. (2008), "La mondialisation de Christophe Colomb et Vasco de Gama à aujourd'hui", 6 de febrero de 2008, *www.cadtm.org/La globalisationdeChristophe.*

Turner, P. y J.P. Tuveri (1984), "Effet des restrictions à l'exportation sur le comportement des entreprises japonaises", *OECD Economic Review*, No. 2, segundo trimestre, OCDE, *www.oecd.org/ dataoecd/62/5/2501796.pdf.*

Capítulo 4

Banco Mundial (2007, *Global Economic Prospects 2007: Managing the Next Wave of Globalization*, Banco Mundial, Washington, D.C.

Benhamou, L. (2005), *Le grand bazar mondial*, Bourin Éditeur, París.

Bensidoun, I. y D. ÜnalKesenci (2007), "La mondialisation des services: De la mesure à l'analyse", CEPII, *www.cepii.fr/francgraph/ doctravail/ resumes/2007/dt0714.htm.*

Berger, S. (2005), *How We Compete: What Companies Around the World Are Doing to Make it in Today's Global Economy*, Currency/ Doubleday, Nueva York.

Cheung, C. y S. Guichard (2009), "Understanding the World Trade Collapse", *OECD Economics Department Working Papers*, No. 729, OECD Publishing, París, *http://dx.doi.org/10.1787/220821574732.*

Friedman, T.L. (2005), *The World Is Flat: A Brief History of the Twenty-First Century*, Farrar, Straus and Giroux, Nueva York.

Ghemawat, P. (2007), *Redefining Global Strategy: Crossing Borders in a World Where Differences Still Matter*, Harvard Business School Press, Boston.

FMI (Fondo Monetario Internacional) (2007), *Reaping the Benefits of Financial Globalization*, Departamento de Investigación, FMI.

Initiative Neue Soziale Marktwirtschaft und der Internalen Handels kammer (ICC) Alemania (2007), *Globalisierung verstehen: Unsere Welt in Zahlen, Fakten, Analysen*, Hamburgo, 2007.

Kose, A. *et al.* (2006), "Financial Globalization: A Reappraisal", *Working Paper* WP/06/189, 2006, FMI, Washington, D.C.

Kose, A. *et al.* (2007), "Financial Globalization: Beyond the Blame Game", *Finance and Development*, marzo de 2007, Vol. 44, No. 1, FMI, Washington, D.C.

Love, P. y R. Lattimore (2009), "International Trade: Free, Fair and Open?", *Esenciales OCDE*, OCDE, París, *http://dx.doi. org/10.1787/9789264060265en.*

OCDE (2006), *International Migration Outlook 2006*, OCDE, París, *http:// dx.doi.org/10.1787/migr_outlook2006en.*

OCDE (2008), *Internationalisation of Business R&D: Evidence, Impacts and Implications*, OCDE, París, *http://dx.doi. org/10.1787/9789264044050in.*

OCDE (2010), *Trade and Economic Effects of Responses to the Economic Crisis*, OCDE, París, *http://dx.doi.org/10.1787/9789264088436in.*

OCDE (2010), *Measuring Globalisation: OECD Economic Globalisation Indicators 2010*, OCDE, París, *http://dx.doi.or g/10.1787/ 9789264084360in.*

Rivoli, P. (2005), *The Travels of a T-Shirt in the Globalised Economy*, Wiley & Sons, Hoboken.

UNCTAD (Conferencia de las Naciones Unidas sobre Comercio y Desarrollo) y L. Berger (2004), "Services Offshoring Takes Off in Europe: In Search of Improved Competitiveness", UNCTAD, Ginebra.

UNCTAD (2005-08), *Prospects for Foreign Direct Investment and the Strategies of Transnational Corporations*, UNCTAD, Nueva York.

UNCTAD (2007), "Globalization of Port Logistics: Opportunities and Challenges for the Developing Countries", UNCTAD, *Executive Summary*, 10 de diciembre de 2007.

UNCTAD (2007), *World Investment Report*, UNCTAD, Nueva York.

UNCTAD (2008), *World Investment Report*, UNCTAD, Nueva York.

Capítulo 5

Aykut, D. y A. Goldstein (2006), "Developing Countries MNEs: South-South Investments Come of Age", *Documentos de trabajo del Centro de Desarrollo de la OCDE*, No. 257, OCDE, París, *http://dx.doi. org/10.1787/245230176440.*

Dedieu, F. (2010), "Idée reçue: La mondialisation aide à sortir de la pauvreté", *http://lexpansion.lexpress.fr.*

Gibbon, P. y S. Ponte (2005), *Trading Down: Africa, Value Chains, And The Global Economy,* Temple University Press, Filadelfia.

OCDE (2008), *Growing Unequal? Income Distribution and Poverty in OECD Countries*, OCDE, París, *http://dx.doi.org/10.1787/9789264044197en.*

OCDE (2010), *Perspectivas sobre el Desarrollo Mundial 2010: Riqueza Cambiante,* Centro de Desarrollo de la OCDE, OCDE, París, *http://dx.doi.org/10.1787/9789264084742fr.*

OCDE (2010), *Latin American Economic Outlook 2011: How Middle Class is Latin America?,* OCDE, París, *http://dx.doi.org/10.1787/ leo2011en.*

Prahalad, C.K. (2004), *The Fortune at the Bottom of the Pyramid: Eradicating Poverty Through Profits,* Wharton School Publishing, Estados Unidos.

Rajan, R.G. y L. Zingales (2000), "The Great Reversals: The Politics of Financial Development in the 20th Century", *documentos de trabajo del Departamento de Economía de la OCDE,,* No. 265, OCDE, París, *http://dx.doi.org/10.1787/371486741616.*

Rodríguez, J. y J. Santiso (2007), "Banking on Development: Private Banks and Aid Donors in Developing Countries", *documentos de trabajo del Centro de Desarrollo de la OCDE,* No. 263, OCDE, París, *http://dx.doi.org/10.1787/044646710662.*

ONU (Organización de las Naciones Unidas) (2008), *Development-Oriented Policies for Socio-Economic Inclusive Information Society, Including Access, Infrastructure and an Enabling Environment,* reporte del Secretario General, ONU, Ginebra, 25 de marzo de 2008.

Naciones Unidas (2010)*, Objetivos de desarrollo del milenio.* Informe de 2010, ONU, Nueva York.

Zeng, M. y P.J. Williamson (2007), *Dragons at Your Door: How Chinese Cost Innovation is Disrupting Global Competition,* Harvard Business School Press, Boston.

Capítulo 6

Jules, R. (2010), "La nouvelle carte salariale émergente", *La Tribune,* 14 de junio.

Keeley, B. (2007), "Human Capital: How What You Know Shapes Your Life", *Esenciales OCDE,* OCDE, París, *http://dx.doi.org/10.1787/9789264029095en.*

Koulopoulos, T.M. (2006), *Smartsourcing: Driving Innovation and Growth Through Outsourcing,* Platinum Press, Avon, Mass.

Molnár, M., N. Pain y D. Taglioni (2007), "The Internationalisation of Production, International Outsourcing and Employment in the OECD", *documentos de trabajo del Departamento de Economía de la OCDE,* No. 561, OCDE, París, *http://dx.doi.org/10.1787/167350640103.*

OCDE (2007), "Globalisation, Jobs and Wages", *resumen de política pública de la OCDE*, julio, OCDE, París, *www.oecd.org/employment/employmentpolicies anddata/38796126.pdf.*

OCDE (2007), *Staying Competitive in the Global Economy: Moving Up the Value Chain*, OCDE, París, *http://dx.doi. org/10.1787/9789264034259en.*

OCDE (2008), "The Social Impact of Foreign Direct Investment", resumen de política pública de la OCDE, julio, OCDE, París, *www.oecd. org/els/40940418.pdf.*

OCDE (2008), *OECD Employment Outlook 2008*, OCDE, París, *http:// dx.doi.org/10.1787/empl_outlook2008en.*

OCDE (2010), *OECD Employment Outlook 2010: Moving Beyond the Jobs Crisis*, OCDE, *http://dx.doi.org/10.1787/empl_outlook2010en.*

OCDE (2011), *Divided We Stand: Why Inequality Keeps Rising*, OCDE, París, *http://dx.doi.org/10.1787/9789264119536en.*

Capítulo 7

Gillespie, B. y X. Leflaive, (2007), "Innovation, Globalisation and Environment", *OECD Observer*, No. 261, OCDE, París, *www.oecdobserver. org/news/fullstory.php/aid/2240/Innovation,_globalisation_and_the_ environment.html.*

IPCC (2008), *Climate Change 2007: Synthesis Report*, IPCC, Ginebra.

OCDE (2007), *Climate Change in the European Alps: Adapting Winter Tourism and Natural Hazards Management*, OCDE, *http://dx.doi. org/10.1787/9789264031692en.*

OCDE (2008), "Environment and Globalisation: Background Report for Ministers", recopilación de antecedentes de "Meeting of the Environment Policy Committee (EPOC) at Ministerial Level", 26-29 de abril de 2008, *www.oecd.org/dataoecd/3/59/40511624.pdf.*

OCDE (2008), *Environmental Outlook to 2030*, OCDE, París, *http://dx.doi. org/10.1787/261365884052.*

Capítulo 8

Blundell-Wignall, A. (2009), "The Financial Crisis and the Requirements of Reform", discurso presentado durante la sesión "Restoring Confidence in Financial Systems" en el Foro 2009 de la OCDE, 23-24 de junio, *www.oecd.org/document/54/0,3746, in_21571361_41723666_42942201_1_1_1_1,00.html.*

Blundell-Wignall, A. y P. Atkinson (2010), "Thinking Beyond Basel III: Necessary Solutions for Capital and Liquidity", *OECD Journal: Financial Market Trends*, Vol. 2010/1, OCDE, *http:// dx.doi.org/10.1787/ fmt20105km7k9tpcjmn*.

Blundell-Wignall, A., P. Atkinson y S.H. Lee (2009), "The Current Financial Crisis: Causes and Policy Issues", *OECD Journal: Financial Market Trends*, Vol. 2008/2, OCDE, *http://dx.doi.org/10.1787/fmt v2008art10in*.

Cohen, D. (2009), "Sortir de la crise", *Le Nouvel Observateur*, 29 de septiembre de 2009.

Couderc, N. y O. Montel-Dumont (2009), "Des subprimes à la récession: Comprendre la crise", *La Documentation française*/France Info, París.

The Economist, (2010), "Not All on the Same Page", *The Economist*, 1 de julio de 2010, Londres, *www.economist.com/node/16485376?story_ id=16485376*.

Fallows, J. (2008), "The $1.4 Trillion Question", *The Atlantic*, Boston, *www.theatlantic.com/magazine/archive/2008/01/the14trillionquestion/6582*.

International Centre for Financial Regulation (2011), "China, the G20 and Global Financial Governance After the Crisis", desayuno de información del ICFR, *www.icffr.org/assets/pdfs/March2011/ China,theG20a ndGlobalFinancialGovernanceaft.aspx*.

Jones, H. (2010), "G20 Progress on Financial Regulation", Reuters, 23 de junio de 2010, *www.reuters.com/article/idUSLDE65M0YN20100623*.

Keeley, B. y P. Love (2011), "From Crisis to Recovery: The Causes, Course and Consequences of the Great Recession", *Esenciales OCDE*, OCDE, París, *http://dx.doi.org/10.1787/9789264077072en*.

MacGuire, P. y N. Tarashev (2008), "Global Monitoring with the BIS International Banking Statistics", Banco de Pagos Internacionales, *documentos de trabajo*, No. 244, enero de 2008.

OCDE (2009), "OECD Strategic Response to the Financial and Economic Crisis: Contributions to Global Effort", documento preparado para la reunión del consejo de la OCDE a nivel ministerial, OCDE, París, *www.oecd.org/economy/42528786.pdf*.

OCDE (2010), *The Financial Crisis: Reform and Exit Strategies*, OCDE, París, *http://dx.doi.org/10.1787/9789264073036en*.

Questions internationales (2008), "Malaise dans la mondialisation", *Questions Internationales*, No. 34, noviembre-diciembre, edición especial, París.

Créditos fotográficos

Ilustración de portada © Photoredaktor/Dreamstime.com
Imágenes   pp. 8-9: © Birute Vijeikiene/Dreamstime.com
          pp. 10-11: © adisa/Fotolia
          pp. 18-19: © Slava Gerjv/Shutterstock.com
          pp. 32-33: © Sergej Seemann/Fotolia
          pp. 48-49: © Engine Images/Fotolia
          pp. 68-69: © africa924/Shutterstock.com
          pp. 88-89: © BartlomiejMagierowski/Shutterstock.com
          pp. 108-109: © catscandotcom /iStockphoto
          pp. 126-127: © Ryan McVay/Getty

ORGANIZACIÓN PARA LA COOPERACIÓN Y EL DESARROLLO ECONÓMICOS (OCDE)

La OCDE constituye un foro único en su género, donde los gobiernos trabajan conjuntamente para afrontar los retos económicos, sociales y medioambientales que plantea la globalización. La OCDE está a la vanguardia de los esfuerzos emprendidos para ayudar a los gobiernos a entender y responder a los cambios y preocupaciones del mundo actual, como el gobierno corporativo, la economía de la información y los retos que genera el envejecimiento de la población. La Organización ofrece a los gobiernos un marco en el que pueden comparar sus experiencias de política pública, buscar respuestas a problemas comunes, identificar buenas prácticas y trabajar en la coordinación de políticas nacionales e internacionales.

Los países miembros de la OCDE son: Alemania, Australia, Austria, Bélgica, Canadá, Chile, Corea, Dinamarca, Eslovenia, España, Estados Unidos de América, Estonia, Finlandia, Francia, Grecia, Hungría, Irlanda, Islandia, Israel, Italia, Japón, Luxemburgo, México, Noruega, Nueva Zelanda, Países Bajos, Polonia, Portugal, Reino Unido, República Checa, República Eslovaca, Suecia, Suiza y Turquía. La Unión Europea participa en el trabajo de la OCDE.

Las publicaciones de la OCDE aseguran una amplia difusión de los trabajos de la Organización. Éstos incluyen los resultados de la compilación de estadísticas, los trabajos de investigación sobre temas económicos, sociales y medioambientales, así como las convenciones, directrices y los modelos desarrollados por los países miembros.

IMPRESO EN MÉXICO POR:
Offset Rebosán, S.A. de C.V.
Av. Acueducto 115, San Lorenzo Huipulco
Tlalpan, Ciudad de México, C.P. 14370
Tel.: 6236 3806